国家社科基金项目最终成果（主题批准号：17XTY002）

我国少数民族特色村寨传统体育文化融合发展研究

张世威 著

人民体育出版社

图书在版编目（CIP）数据

我国少数民族特色村寨传统体育文化融合发展研究／张世威著．－－北京：人民体育出版社，2024（2025.3重印）
ISBN 978-7-5009-6397-4

Ⅰ．①我… Ⅱ．①张… Ⅲ．①少数民族－民族形式体育－体育文化－研究－中国 Ⅳ．①G852.9

中国国家版本馆 CIP 数据核字（2023）第 244002 号

*

人 民 体 育 出 版 社 出 版 发 行
北京中献拓方科技发展有限公司印刷
新 华 书 店 经 销

*

710×1000　16 开本　11.25 印张　207 千字
2024 年 12 月第 1 版　2025 年 3 月第 2 次印刷

*

ISBN 978-7-5009-6397-4
定价：75.00 元

社址：北京市东城区体育馆路 8 号（天坛公园东门）
电话：67151482（发行部）　　邮编：100061
传真：67151483　　　　　　　邮购：67118491
网址：www.psphpress.com

（购买本社图书，如遇有缺损页可与邮购部联系）

序

我国少数民族特色村寨传统体育资源丰富、价值独特，造就了中华民族特别是少数民族独具特色的文化与文明。少数民族特色村寨传统体育文化的融合发展，既关系到少数民族传统体育的保护与传承，又关系到少数民族特色村寨的振兴与发展，其核心竞争力是传统体育的供给质量和供给效应。因此，供给侧结构性改革是我国少数民族特色村寨传统体育融合发展的重要路径选择。

张世威同志长期以来致力于我国少数民族特色村寨传统体育研究。《我国少数民族特色村寨传统体育文化融合发展研究》是张世威同志及团队立足"五位一体"总体布局、"五大发展理念"大背景，运用"供给侧结构性改革"思维对我国少数民族特色村寨传统体育文化融合发展相关问题进行阐释和论述，形成了科学、合理的少数民族特色村寨传统体育文化融合发展理论框架、实施路径和保障机制，丰富和发展了我国少数民族特色村寨传统体育保护与传承的方法和理论体系，开阔和创新了我国少数民族传统体育的保护与传承及特色村寨振兴与发展新的学术视野和研究方法；同时，相关政府部门及企业、社会团体等探索我国少数民族传统体育文化保护与传承和特色村寨振兴与发展提供决策依据和实践借鉴。

该研究在三个方面有所建树：一是探索了少数民族传统体育和少数民族特色村寨之间的融合发展关系。研究捕捉和跟随前人时贤的研究足迹和视点，将少数民族传统体育保护与传承与特色村寨振兴与发展之间的关系定义在"融合发展"上予以整体关照。借助民族学、人类学、社会学等学科前沿知识，以及可持续发展理论、供给侧结构性改革理论、融合发展理论等，采用重点区域和重点个案相结合的田野研究法，研究传统体育与少数民族特色村寨之间融合发展的功能、现状、机制和路径，从少数民族传统体育保护与传承和特色村寨振兴与发展本质要求和根本方法上，强调少数民族传统体育和特色村寨融合发展的双赢机制。二是探索了少数民族传统体育与特色村寨之间融合发展的关系机理，呈现出少数民族传统体育与特色村寨融合发展的关联脉络和印迹，为人们认知少数民族传统体育和特色村寨提供了一种新的视角和方法。三是探索了少数民族传统体育与特色村寨融合发展的供给侧结构性改革路径与机制。近年来，少数民族传统体育保护与传承和特色村寨振兴与发展主要集中和停留在"需求侧"思维和方式上，而"需求侧"是从运行结果出发，是一种需求性动力，不是发展的原动力。"供给侧"是从源头入手的，力图从制度变革、结构优化和要素升级等根本的、可持续的动力出发，实现其更加突出长远的转型升级。该研究将传统体育与少数民族特色村寨的融合发展置于供给侧结构性改革中进行定义、考量、认知和操作，为少数民族传统体育与特色村寨的融合发展提供更加科学、合理的研究方法。

《我国少数民族特色村寨传统体育文化融合发展研究》是张世威同志致力于我国少数民族村寨传统体育保护与传承、创新与发展的潜心研究，是其主持的国家社科基金项目《"中国少数民族村寨"建设中的传统体育融合发展机制研究》的最终成果。该成果饱含着张世威同志二十余年辛勤耕耘中对我国少数民族传统体育事业乃至民族事业的一往情深和孜孜以求，其探索中求真求实、严谨执着的科学精神值得赞赏，其研究中呈现的新观点、新思路、新路径值得借鉴。

杨桦

北京体育大学原党委书记、校长、博士生导师
2023 年 12 月 20 日

目 录

第一章 绪 论 …………………………………………………… 001
 第一节 选题依据 …………………………………………… 001
 第二节 文献综述 …………………………………………… 004
 第三节 研究概述 …………………………………………… 011

第二章 核心理论与概念 ……………………………………… 022
 第一节 核心理论 …………………………………………… 022
 第二节 核心概念 …………………………………………… 024

第三章 我国少数民族特色村寨建设的现状 ………………… 027
 第一节 由来与发展 ………………………………………… 027
 第二节 目标与任务 ………………………………………… 029
 第三节 建设情况 …………………………………………… 034

第四章 我国少数民族特色村寨传统体育文化融合发展的理论搭建 … 043
 第一节 科学内涵 …………………………………………… 043
 第二节 精神实质 …………………………………………… 046
 第三节 实践要求 …………………………………………… 049

第五章 我国少数民族特色村寨传统体育文化融合发展的功能测度 … 056
 第一节 "五位一体"总体布局的协同 …………………… 056
 第二节 保护与发展的协调 ………………………………… 062
 第三节 传统与现代的融合 ………………………………… 063

第六章　我国少数民族特色村寨传统体育文化融合发展的现状梳理 … 065
第一节　做　法 … 065
第二节　成　效 … 076
第三节　问　题 … 077

第七章　供给侧结构性改革：我国少数民族特色村寨传统体育文化融合发展的路径设计 … 083
第一节　供给侧结构性改革的选择理据 … 083
第二节　供给侧结构性改革的要素构建 … 085
第三节　供给侧结构性改革的问题基点 … 099
第四节　供给侧结构性改革的原则导向 … 114
第五节　供给侧结构性改革的内容举措 … 117

第八章　我国少数民族特色村寨传统体育文化融合发展的机制构建 … 138
第一节　外部环境机制 … 138
第二节　内部动力机制 … 148

第九章　结论与展望 … 157
第一节　结　论 … 157
第二节　展　望 … 159

参考文献 … 161

附　录　中国少数民族特色村寨命名挂牌名单 … 173

第一章
绪 论

第一节 选题依据

2009年，国家民委与财政部开始实施少数民族特色村寨保护与发展项目，在全国28个省、区、市370个村寨开展试点，成效明显。为了更加有效推动少数民族特色村寨建设，国家民委根据《中共中央国务院关于深入实施西部大开发战略的若干意见》《国务院关于进一步繁荣发展少数民族文化事业的若干意见》《村庄和集镇规划建设管理条例》《少数民族事业"十二五"规划》等文件的精神与要求，于2012年12月印发了《少数民族特色村寨保护与发展规划纲要（2011—2015年）》，指出：少数民族特色村寨在产业结构、民居式样、村寨风貌以及风俗习惯等方面都集中体现了少数民族经济社会发展特点和文化特色，集中反映了少数民族聚落在不同时期、不同地域、不同文化类型中形成和演变的历史过程，相对完整地保留了各少数民族的文化基因，凝聚了各少数民族文化的历史结晶，体现了中华文明多样性，是传承民族文化的有效载体，是少数民族和民族地区加快发展的重要资源。支持少数民族特色村寨保护与发展，是社会主义新农村、新牧区建设的重要组成部分，是民族工作的重要组成部分，也是保护中华文化多样性的重要举措。做好这项工作，对于促进民族地区经济发展，传承和弘扬少数民族传统文化，增强民族自豪感，提高各民族的凝聚力、向心力，巩固和发展平等、团结、互助、和谐的社会主义民族关系具有重要意义。

为进一步发挥少数民族特色村寨的品牌效应，促进全国少数民族特色村寨的保护与发展，国家民委于2013年12月又印发了《国家民委关于开展中国少数民族特色村寨命名挂牌工作的意见》，紧接着在2014年、2016年国家民委连续两批次在全国范围内命名挂牌了1 057个少数民族特色村寨，这对民族地区经济、社会、文化、民族关系发展乃至"精准扶贫"等国家大计具有非常重要的战略意义，特别是对我国广大农村地区民族村寨的发展是一个重要的历时性契机。2018年，中共中央国务院又下发了《关于实施乡村振兴战略的意见》（以下简称《意见》），指出要保护好传统村落、民族村寨，支持少数民族文化、民间文化等传承发展。

少数民族特色村寨建设是乡村振兴战略的重要内容，乡村振兴战略的实施，必然为少数民族特色村寨建设带来重要契机，当然也要求和促进少数民族特色村寨的建设与发展。同时，也正如国家民委印发的《少数民族特色村寨保护与发展规划纲要（2011—2015年）》中所指出和强调的那样："由于自然、历史等原因，少数民族特色村寨的保护与发展仍面临许多困难和问题，主要表现在：这些村寨多位于边远落后地区，贫困问题突出；受自身条件限制，传统经济转型困难；在工业化、城镇化的背景下，民族文化传承遭受巨大冲击；受多种因素影响，许多传统民居被造价低廉的简易建筑所取代，村寨的民族特色和乡村特色急速消失。因此，做好少数民族特色村寨保护与发展工作，在促进经济发展的同时抢救和保护少数民族传统文化刻不容缓。"特别是在促进少数民族特色村寨政治、经济、社会、文化和生态文明的融合发展，以及协调少数民族特色村寨的保护与发展的关系，使传统与现代融合等方面还有诸多问题需关注与解决，少数民族特色村寨的保护与发展还任重而道远。

更加值得关注的是，很多少数民族特色村寨都蕴藏着丰富多彩的传统体育文化，其在维持少数民族特色村寨肌理，促进少数民族特色村寨和谐、繁荣、稳定、文明等建设与发展中具有不可替代的重要作用，这无论是从学界研究还是实践中来看，都已是一个不争的事实，本研究对此亦不再赘述和重新解释。因此，将传统体育文化作为少数民族特色村寨建设的一项重要资源进行开发与利用，促进和实现传统体育在少数民族特色村寨建设中的融合发展，一方面是加强少数民族特色村寨建设的一项重要任务和重要内容，是少数民族特色村寨建设的题中应有之义，必将促进少数民族特色村寨的建设与发展；另一方面也是促进传统体育文化的保护与传承。

2018年1月，国家体育总局和国家民委联合下发了《关于进一步加强少数民族传统体育工作的指导意见》，强调少数民族传统体育是我国体育事业的重要组成部分，是我国宝贵的文化遗产，深受各民族群众的喜爱，在传承发展优秀传统文化，促进各民族交往交流交融，提升各族人民体质健康水平，丰富各族群众精神文化生活等方面都发挥着重要的作用。要求全面贯彻党的十九大精神和习近平新时代中国特色社会主义思想，落实中央民族工作会议和全国卫生与健康大会精神，按照《全民健身条例》《关于加强和改进新形势下民族工作的意见》《"健康中国2030"规划纲要》《全民健身计划（2016—2020年）》和《"十三五"促进民族地区和人口较少民族发展规划》总体要求，坚持"推动民族团结进步、促进群众身心健康"的宗旨，结合实施全民健身"六个身边"工程，推进少数民族传统体育文化传承发展，加强少数民族传统体育理论建设，改革完善少数民族传统体育运动会组织管理，建设少数民族传统体育基地，丰富少数民族传统体育活动，促进全民健身和全民健康深度融合，不断满足人民日益增长的美好生活需要，为促进各民族交往交流交融，加快推进社会主义文化强国、体育强国建设发挥重要作用。《乡村振兴战略规划（2018—2022年）》要求要积极开发武术、舞龙、舞狮、锣鼓等传统体育表演项目，促进民族传统体育文化资源与现代消费需求有效对接，推动民族传统体育文化与旅游产业深度融合、创新发展。《文化和旅游部、教育部、自然资源部、农业农村部乡村振兴局、国家开发银行关于推动文化产业赋能乡村振兴的意见》，依托演出企业、演出团体、艺术院校等机构，积极开发武术、舞龙、舞狮、锣鼓等特色民俗表演项目。《中共中央国务院关于做好二〇二二年全面推进乡村振兴重点工作的意见》提出创新农村精神文明建设有效平台载体，要整合文化惠民活动资源，支持农民自发组织开展广场舞、趣味运动会等体现农耕农趣农味的文化体育活动。《中共中央国务院关于做好2023年全面推进乡村振兴重点工作的意见》明确指出要发展乡村文化体育等生活服务，其中就包含乡村传统体育文化发展。因此，加强少数民族特色村寨传统体育文化的融合发展，这无论对于少数民族特色村寨建设还是民族传统体育的保护都是一个非常重要的契机和使命，同时这也是少数民族特色村寨建设和传统体育文化保护的根本要求与根本方法。

实则，少数民族特色村寨传统体育文化的融合发展，是一个关乎传统体育文化的资源性开发与利用问题，是一个关乎传统体育文化的资源性全要素的有效供给问题。要建设好少数民族特色村寨就必须以党的十八大提出的"五位一体"总体布局为背景。同时，可另辟蹊径地通过发展传统体育文化，并借鉴和运用"供给侧改革"的思维（通过调整、优化和创新传统体育文化发展的供给侧主体、技术、产品、资金等，来创造、引领、驱动和满足其在少数民族特色村寨的融合发展需求）来促进少数民族特色村寨经济、政治、文化、社会和生态文明的融合发展；协调少数民族特色村寨的保护与发展的关系，使传统与现代融合。当然，传统体育文化在发挥其协调和促进少数民族特色村寨建设与发展过程中自身也得到保护与发展。本文中的"融合发展"，一是指促进少数民族特色村寨政治、经济、社会、文化和生态文明五个领域的融合发展；二是通过发展传统体育文化来协调少数民族特色村寨的保护与发展关系，使传统与现代融合。

本研究是笔者主持申报的国家社科基金项目《"中国少数民族特色村寨"建设中的传统体育文化融合发展机制研究》的最终成果，本项目于 2017 年 6 月立项（立题批准号：17XTY002）。立项后，课题组在全国哲学社会科学规划办公室、重庆市哲学社会科学规划办公室和学校的指导下，通过两年多的时间，于 2019 年 6 月顺利通过全国哲学社会科学规划办公室验收，结题为合格（结题证书号：20191631）。结题后，课题组并未因此停止对我国少数民族特色村寨传统体育文化的相关研究，而是更加紧密地特别是结合国家乡村振兴战略展开深入、细致的创新性研究。因此从结项成果时间来看虽然较早，但还是对现在甚至未来我国民族乡村振兴、民族团结进步事业发展等具有重要的参考价值。

第二节　文献综述

一、我国少数民族村寨保护与发展现状

自中华人民共和国成立以来，特别是改革开放以后，学界围绕少数民族村寨保护与发展的研究可谓是雨后春笋，综观研究成果，主要聚焦在少数民族特色村寨保护与发展的问题和对策上。如少数民族特色村寨的民族传统民居、民俗文化、生态环境得到保护，村寨特色优势产业建设取得进展，但还存在着保护和发展规划方案不尽科学，村民参与不够，村寨经济发展缓慢等问题，为此要提高对特色村寨建设重要性的认识，明确建设目标和原则，因地制宜探寻各自的模式和方法，发挥政府、村民、企业和社会各界的作用，积极借鉴国外成功经验等对策[1]；城镇化进程中的旅游开发、新村寨建设、人口流失等影响了少数民族特色村寨保护和建设，少数民族村寨独有民族文化逐渐丢失，为此可通过建设"有时代功能特性的新型村寨""有原始生态机理的自然村寨""有历史记忆的古村寨"

---

[1] 段超. 保护和发展少数民族特色村寨的思考 [J]. 中南民族大学学报（人文社会科学版），2011，31 (5)：20-24.

第一章 绪 论

和"有民族文化特色的文明村寨"等来对少数民族特色村寨进行保护与规划建设[1];少数民族特色村寨的保护与发展具有历史传承与现实发展的双重意义,但目前少数民族特色村寨建设面临村寨自然损毁严重,传统特色难以凸显;村寨发展缺乏规划;发展模式有待完善等诸多困难,为此应加强顶层战略设计,建立统一协调机制;加大财政投入力度,多元筹集建设资金;紧扣区域发展规划,大力发展特色产业;充分发挥社会力量,形成多元合力格局;积极探索发展模式,切实做好文化传承,要把文化传承变成一个动态的过程,无形地融入村民的生产生活实践中,构建村寨"整体性"文化空间[2];政府部门不够重视,缺乏科学合理的发展规划;资金缺乏,投入不足,部门合作不密切;民族传统文化挖掘力度不够,民族文化传承面临巨大的困难与挑战;民族特色产业发育较慢;宣传不到位,群众参与积极性不高等问题,为此政府部门要提高认识、合理规划;加强资金支持,整合资源,加大投入;抓住"特色"内涵,加强少数民族传统文化的保护与传承;培育和壮大村民增收的主导产业,大力发展旅游特色产业;增强村民的主人翁意识,充分发挥社会各方力量的作用[3];我国少数民族特色村寨建设过程中,民族文化的开发利用上存在明显的短期行为和破坏性开发问题,如"伪文化"的出现、民族文化的过度开发、生态环境的破坏等,为此要联动发展,合理规划和保护生态,促进少数民族特色村寨的可持续发展[4];民族村寨保护与发展存在着两者难以兼顾、理念有缺陷,策略与方式过于简单等问题,为此应深刻认识民族村寨保护和发展工作实践活动的本质,反思其理念和策略,思考民族村寨保护与发展评估的理论与方法,促进民族地区乡土文明的存续、转型与发展[5]。

同时,根据2012年国家民委发布的《少数民族特色村寨保护与发展规划纲要(2011—2015年)》显示,少数民族特色村寨仍面临贫困问题突出、传统经

---

[1] 刘志宏,李钟国. 城镇化进程中少数民族特色村寨保护与规划建设研究——以广西少数民族村寨为例[J]. 广西社会科学,2015(9):31-34.
[2] 吴泽荣. 广东少数民族特色村寨保护与发展的现状与思考[J]. 黑龙江民族丛刊,2016(2):86-90.
[3] 杨晗. 黑龙江省少数民族特色村镇建设浅析——以富裕县东塔哈村为例[J]. 黑龙江民族丛刊,2016(5):131-136.
[4] 李忠斌,郑甘甜. 论少数民族特色村寨建设中的文化保护与发展[J]. 广西社会科学,2014(11):185-189.
[5] 李然. 民族村寨保护和发展的实践及其理论省思——基于武陵山区的调查[J]. 中南民族大学学报(人文社会科学版),2014,34(5):55-60.

济转型困难、民族文化传承遭受巨大冲击、民族特色和乡村特色急速消失等困难和问题，做好少数民族特色村寨保护与发展工作，在促进经济发展的同时抢救和保护少数民族传统文化刻不容缓。特别是当今在"五位一体"总体布局的大背景下，还存在经济发展缓慢，缺乏特色优势产业[①]；村寨、文化、环境未能形成良好的生态文明[②]；文化遗产保护不力，民族文化与经济发展未能形成良性互动[③]；民族团结仍然面临各种考验[④]等问题。而这些都亟待学界的关注和研究。

二、少数民族传统体育与村寨发展的联动关系

我国少数民族传统体育文化一直受到学界和社会关注，有诸多研究者从不同的视角和思维来探讨和剖析少数民族传统体育文化保护与村寨建设发展的相互关系。如认为传统体育是少数民族村寨里的一种民俗事项，少数民族传统体育发展问题不仅仅是体育自身的问题，也是村寨发展中的问题，需要具备与村寨现代经济相一致的生态结构，形成与村寨现代社会文化高度发展相协调的运行环境，建立适应村寨现代化社会需求的生态修复机制，营造以少数民族传统体育发展为核心的文化生态村，是实现传统体育可持续发展的有效途径[⑤]；随着村寨社会结构的变迁发展，传统体育面临着经济基础薄弱、政府管理不规范、社会组织不健全、文化建设需加强等瓶颈，将传统体育保护纳入到村寨发展的生态空间，促进传统体育保护与村寨经济、政治、文化的"双赢"，是保护传统体育的根本之道和重要任务与目标[⑥]；少数民族传统体育在现代村寨建设中具有社会安全阀、文化认同、经济增长、社会调适等功能，传统体育受村寨生计方式、民族政策、人口流动、宗教信仰等因素的制约和影响，应构建文化生态村实体、转变地方政府

[①] 李忠斌，单铁成. 少数民族特色村寨建设中的文化扶贫：价值、机制与路径选择 [J]. 广西民族研究，2017（5）：25-31.
[②] 龙晔生. 少数民族特色村寨建设问题研究——以武陵山片区湘西南民族村寨为例 [J]. 民族论坛，2015（3）：68-72.
[③] 何治江. 黔江少数民族特色村寨市场化研究 [J]. 河北旅游职业学院学报，2016，21（2）：26-31.
[④] 谢定国. 贵州少数民族特色村寨建设问题研究 [J]. 黔南民族师范学院学报，2016，36（3）：19-22.
[⑤] 万义. 村落少数民族传统体育发展的文化生态学研究——"土家族第一村"双凤村的田野调查报告 [J]. 体育科学，2011，31（9）：41-50.
[⑥] 万义. 村落社会结构变迁中传统体育的非物质文化遗产保护——以弥勒县可邑村彝族阿细跳月为例 [J]. 体育科学，2011，31（2）：12-18，35.

角色定位、完善民间社会组织等，促进村寨与传统体育的和谐发展[1]；传统体育与村寨经济、政治、文化建设相统一、相协调，少数民族传统体育的传承与保护应与村寨经济建设、政治建设、文化建设系统有机结合[2]；少数民族特色村寨传统体育传承受到村寨文化、经济、社会和环境因素的综合影响[3]；民族特色村寨的保护与建设，必须与文化传承、环境保护等协同发展[4]；因地制宜选择传统体育文化体验项目，实施一村一品开发策略，加快传统体育旅游商品的开发，是促进民族村寨旅游多样化发展的有效措施[5]；传统体育的价值功能、认知程度与运动形式随着村寨的变迁而发生着重要变化，注重村寨原生留存是保护传统体育的重要措施[6]；少数民族村寨体育处于村落自然环境和民族习俗的惯制化组织结构之中，少数民族村寨经济、组织与管理结构的变迁分化整合着传统体育的新旧因素，现代少数民族村寨原生态体育文化的发展要保留村落民族特色，确立民族村寨自治的体育管理机构，以此推动村寨的原生态和传统体育的可持续发展[7]；传统体育文化是村寨传统文化体系的重要纽带，在村寨经济结构没有发生改变前，传统体育一直作为村寨的宗教血脉影响着村寨的社会文化内容，所以村寨与传统体育是一种共生存的关系，传统体育作为村寨文化的一部分，理应受到与村寨建设一样的保护政策，构建与村寨协同发展的保护模式，做到传统体育与村寨文化的共生、共存与共荣[8]。

---

[1] 万义, 王健, 龙佩林, 等. 村落族群关系变迁中传统体育社会功能的衍生研究——兰溪古寨勾蓝瑶族长鼓舞的田野调查报告 [J]. 北京体育大学学报, 2014, 37 (3): 33-40, 106.
[2] 温和琼. 村落社会结构变迁中云南少数民族传统体育的传承与保护 [J]. 佳木斯教育学院学报, 2013 (12): 427-428.
[3] 陈炜. 广西少数民族特色村寨非物质文化遗产传承影响因素——基于利益相关者理论 [J]. 社会科学家, 2017 (1): 96-102.
[4] 姜爱. 湖北少数民族特色村寨保护与发展经验解析 [J]. 湖北社会科学, 2012 (9): 196-198.
[5] 冯红梅. 论黔东南少数民族村寨传统体育文化的旅游开发 [J]. 贵州民族研究, 2012, 33 (4): 143-145.
[6] 李玉文. 少数民族村寨发展变迁中的传统体育保护研究——酉阳河湾村摆手舞的田野调查报告 [J]. 广州体育学院学报, 2016, 36 (1): 57-59.
[7] 赵明元, 辛松和. 少数民族聚居村落的原生态体育文化流变考察 [J]. 贵州民族研究, 2016, 37 (6): 90-93.
[8] 李玉文. 少数民族村寨发展变迁中的传统体育保护研究——酉阳河湾村摆手舞的田野调查报告 [J]. 广州体育学院学报, 2016, 36 (1): 57-59.

三、传统体育在村寨建设中的积极作用

传统体育文化的保护与开发对促进少数民族特色村寨建设具有充盈民族文化内涵、提高民族文化自信、发展村民身体素质、促进村寨旅游产业发展、促进民族团结进步等作用。当然，特色村寨建设又为传统体育文化保护与开发提供政策支持，以及传统体育文化整体性、传统性和多样性的生态保持提供环境条件和机遇[1]；少数民族村寨传统体育的保护与传承，可以增进人们的民族情感与凝聚，规范人们的道德与秩序，传承民族文化，丰富乡村文化，整合与调控村寨秩序[2]；少数民族村寨传统体育的保护与发展，可以促进村寨经济发展，增强村寨民族认同感，促进村寨社会稳定和文化繁荣[3]。

再追溯到少数民族特色村寨的前身或同类型即民族村寨（村落）与传统体育文化的融合发展研究，认为少数民族村寨传统体育的旅游性资源开发，可以在促进村寨生态文明建设方面发挥重要作用[4]；少数民族村寨传统体育文化的保护与发展，其本身就是村寨文化保护的一项重要内容和活态体现[5]；少数民族村寨传统体育文化作为民族文化的记忆载体，往往以特定的肢体语言表达出少数民族的内在情感、思想、性格及生活诉求，其文化的动感性特征有利于促进区域民族团结、社会稳定，促进社会的和谐发展[6]；少数民族村寨传统体育的保护与发展，可以促进民族文化认同与文化精神重塑[7]；少数民族村寨传统体育文化所具有的非正式制度，可以在社会治理方面发挥特殊的作用与价值[8]；少数民族村寨

---

[1] 刘石磊.湘鄂西少数民族特色村寨建设中传统体育文化的保护与开发研究[D].吉首：吉首大学，2013.
[2] 肖谋远，韦晓康.少数民族传统体育文化传承与教育路径研究[J].西南民族大学学报（人文社会科学版），2014，35（7）：218-221.
[3] 刘培星，张世威.少数民族传统体育与村落文化互动发展研究——以重庆酉阳为例[J].体育科学研究，2015，19（2）：1-4.
[4] 张化良，王莉敏.试析黔东南民族传统体育与村寨文明[J].学理论，2009（16）：69-70.
[5] 常丽娟.旅游民族学视角下乡村体育旅游促进村落经济发展的实证研究[D].成都：成都体育学院，2013.
[6] 刘莹，王晓虎.少数民族村寨传统体育的动感性——以哈尼族村寨为例[J].玉溪师范学院学报，2014，30（11）：25-28.
[7] 张小林，白晋湘，吴力.少数民族村寨传统体育节庆民俗与现代创意发展——基于湘西德夯"百狮会"的考察[J].沈阳体育学院学报，2014，33（6）：140-144.
[8] 韦晓康，蒋萍.民俗体育文化在社会治理中的作用研究[J].中国体育科技，2016，52（4）：31-37.

传统体育文化活动的开展，可以促进村寨特别是广场、院坝文化的建设①；少数民族村寨传统体育文化资源的开发与利用，有利于拓展乡村旅游内涵，促进旅游经济发展②；少数民族村寨传统体育文化象征着自然、和谐、发展，它是生活的美与美的生活，是体育的休闲娱乐，又是休闲娱乐的体育，是一种和谐生态的文化，少数民族传统体育文化既是村寨建设的重要内容，又是美丽乡村建设的重要手段③；少数民族传统体育不仅具有在少数民族村寨广泛开展的基础、条件和可能，而且已经表现出了促进少数民族村寨体育、学校教育、乡村旅游业发展的综合效益④。

四、传统体育在村寨建设中的缺失问题

传统体育与村寨建设的融合发展实际上是一个自然而然的过程，同时也是多维度融合的过程，村寨遗留的生产方式、风俗习惯、宗教信仰、传统节庆、民族心理、自然生态、社会经济、社会制度、社会结构、生活方式、宗教信仰、民俗风情⑤⑥⑦等都应是传统体育文化融合发展的对象内容。因此，当人们主动要求和审视传统体育与村寨建设的融合发展时，就难免会考究出一些问题，因为人们越关注、越聚焦，就越会对传统体育与村寨建设融合发展有更高的标准和要求。有研究者就指出，传统体育文化在村寨建设中的存在感、融合性缺失，缺乏村寨传统文化色素⑧；少数民族村寨传统体育受众面窄、开发效果较差、文化价值淡化⑨；传统体育在村寨文化生态中的作用缺失，与脱贫致富、经济文化发展的关

---

① 余贞凯，刘莹，张竹萍. 土家族村寨传统体育舞蹈文化与广场文化建设研究——以酉阳土家族苗族自治县为例 [J]. 普洱学院学报，2016，32（3）：30-34.
② 杨建鹏，丁玲辉. 西藏乡村旅游与民族节庆和藏族传统体育文化融合发展研究 [J]. 西南民族大学学报（人文社科版），2016，37（1）：46-50.
③ 余贞凯，王晓虎. 美丽云南乡村建设中的少数民族传统体育与休闲美学 [J]. 军事体育学报，2016，35（4）：116-119.
④ 冯胜刚. 少数民族村寨在社会主义新农村建设中的体育选择 [J]. 体育学刊，2010，17（9）：93-96.
⑤ 万义. 村落少数民族传统体育发展的文化生态学研究——"土家族第一村"双凤村的田野调查报告 [J]. 体育科学，2011，31（9）：41-50.
⑥ 郑国华. 禄村变迁中的传统体育流变研究 [J]. 体育科学，2010，30（10）：80-96.
⑦ 黄琦，张伟，李洪明，等. 黑龙江省少数民族传统体育项目发展模式与对策 [J]. 赤峰学院学报（自然科学版），2015，31（7）：206-207.
⑧ 倪依克. 民族传统体育的振兴与文化创新 [J]. 体育学刊，2004（1）：60-61.
⑨ 刘石磊. 湘鄂西少数民族特色村寨建设中传统体育文化的保护与开发研究 [D]. 吉首：吉首大学，2013.

系疏浅[1]；传统体育在文化生态村中的利用率低，产业化、市场化水平低[2]；传统体育供给的保守、僵化及与需求的错位，导致传统体育生产与供给活力不足、流通不畅，以及人民日益增长的文化需求的难以满足和传统体育保护政策边际效应的递减[3]。

五、传统体育在村寨建设中的融合对策

少数民族村寨传统体育的保护与发展，须建构以村民自治为核心的社会建构模式，并围绕这个建构模式强化社会组织建设、社会运行机制、体育产品开发、政策环境支持等，形成内在循环系统[4]；建立传统体育档案馆，培养项目传承人，与学校体育、旅游业、商业结合起来发展[5]；将传统体育发展纳入到村寨建设中，营造传统体育文化生态村[6]；用绿色思维和情怀推进与民族文化生态建设的融合发展[7]；加大供给侧结构性改革，优化传统体育供给的结构、内容与机制，把传统体育保护纳入社区文化、公共文化服务、文化产业等文化供给体系中，创新传统体育保护机制，激发传统体育生产活力[8]。

小结

综上研究都集中证实和回应了传统体育文化融合发展对促进少数民族特色村寨建设的积极贡献和独特功能。但现实中二者的融合发展是缺失的、失范的，在机制设计上也主要还是一种"需求侧"思维，缺乏用"供给侧结构性改革"的

---

[1] 韦晓康，方征. 民族文化生态建设与少数民族传统体育文化研究 [J]. 体育文化导刊，2006（8）：82-85.
[2] 辛锡灿. 民族文化生态村模式下少数民族传统体育发展的 SWOT 分析和策略研究 [D]. 昆明：云南师范大学，2014.
[3] 宋俊华. 基于供给侧结构性改革的非遗保护机制创新 [J]. 文化遗产，2016（4）：57-64，158.
[4] 白晋湘. 少数民族聚居区传统体育非物质文化遗产保护的社会建构研究——以湘西大兴寨苗族抢狮习俗为例 [J]. 体育科学，2012，32（8）：16-24.
[5] 刘娟. 湘西地区少数民族特色村寨传统体育的传承与保护研究——以矮寨镇为例 [J]. 戏剧之家，2015（17）：271.
[6] 万义. 村落少数民族传统体育发展的文化生态学研究——"土家族第一村"双凤村的田野调查报告 [J]. 体育科学，2011，31（9）：41-50.
[7] 韦晓康，方征. 民族文化生态建设与少数民族传统体育文化研究 [J]. 体育文化导刊，2006（8）：82-85.
[8] 宋俊华. 基于供给侧结构性改革的非遗保护机制创新 [J]. 文化遗产，2016（04）：57-64，158.

思维来推进传统体育文化的融合发展。回眸审视近年来国内学者对少数民族特色村寨传统体育保护与发展问题讨论的增多，主要是源于当前少数民族特色村寨建设及传统体育保护与发展、开发与利用中一直存在、或新出现、或潜在着如前所述的各种问题或不足，乃至有明显增加、更为严峻的趋势。特别在"五位一体"总体布局的新背景、新形势下，少数民族特色村寨建设又面临着传统保护与现时发展，政治、经济、社会、文化与生态文明建设的协调融合，乃至精准扶贫等新挑战、新任务和新要求，但更为棘手的是已经出现了精准扶贫的产业资源匮乏[①]；保护与发展不平衡，模式与方法单一，政治、经济、社会、文化和生态文明建设发展不协调[②]等新问题，这些都正是国家、社会所关注与关心的问题。因此，如何另辟蹊径地通过传统体育文化的融合发展，并借鉴和运用"供给侧结构性改革"的思维来促进少数民族特色村寨政治、经济、社会、文化和生态文明建设的融合发展，以及协调少数民族特色村寨的保护与发展的关系，使传统与现代融合，不失为一种值得尝试的方法路径，而且也是民族地区传统体育文化保护与发展的一种出路。

第三节　研究概述

一、研究思路

将少数民族特色村寨建设置于十八大提出的"五位一体"总体布局的大背景，从这个大背景出发，分析少数民族特色村寨建设目前存在的主要问题。然后从少数民族传统体育的视角切入，重点讨论和测度传统体育文化在应对少数民族特色村寨建设问题上的独特功能，再借鉴和运用"供给侧结构性改革"思维，定义和厘析少数民族特色村寨传统体育文化融合发展的供给侧要素及其供给侧矛盾与问题，进而以调整、优化和创新供给侧要素为着力点、突破点和出发点，解构和设计出让传统体育文化在应对少数民族特色村寨建设问题上的独特功能能够充分发挥与达成的融合发展路径（落脚点、着力点、兴奋点、触动点、基本点、根本点）及其具体实施方法、机制与对策（图1-1）。

---

①王广华. 西部欠发达地区城乡统筹发展路径探究——以贵州省为例［J］. 兰州教育学院学报, 2016, 32（1）：59-60, 158.
②熊琪, 刘业. 广东省少数民族特色村寨保护与发展平衡探析［J］. 价值工程, 2016, 35（36）：198-199.

图 1-1 研究思路拓扑图

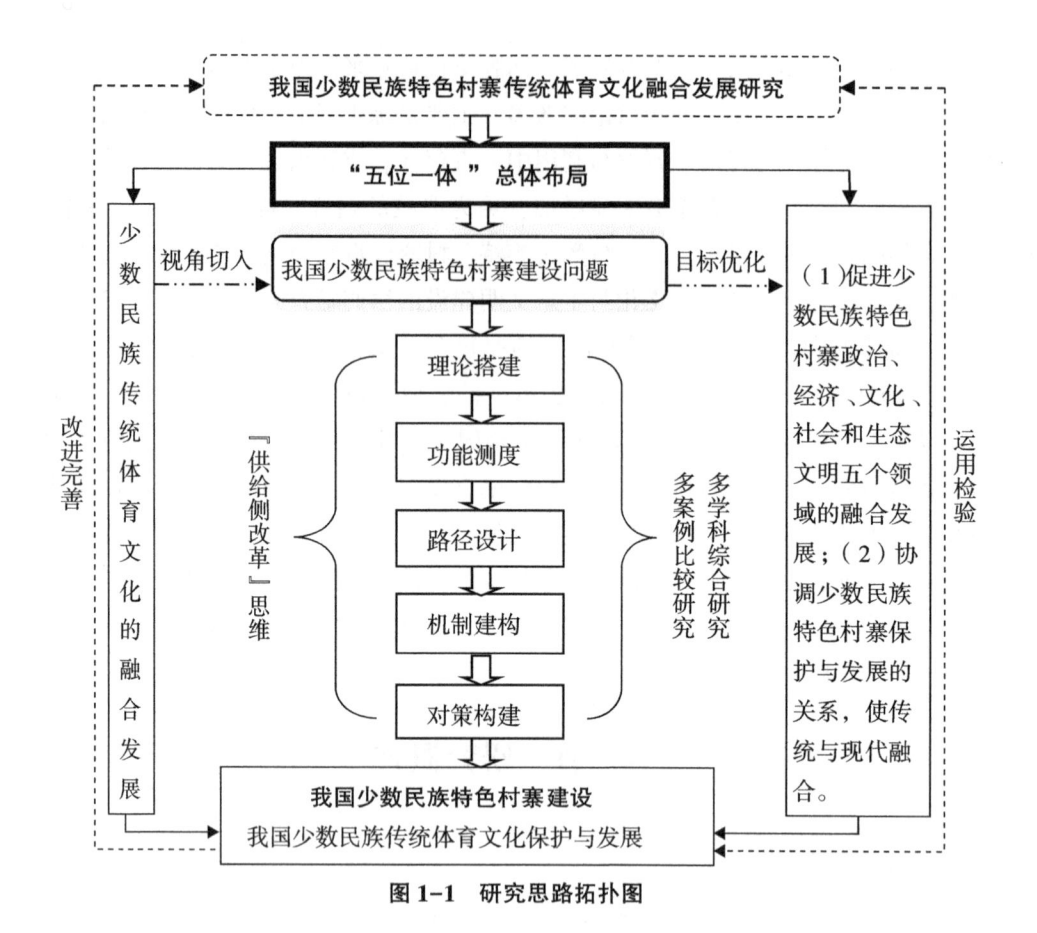

二、研究方法

主要采用文献资料与访谈述译相结合、重点区域与典型个案相结合，以及多学科综合与系统分析相结合、动态历史分析与静态截面数据分析相结合、定性与定量相结合等研究方法，这里主要介绍前两个研究方法。

（一）文献资料法

通过 CNKI、万方、重庆维普等数据库，以"民族村寨""特色村寨""传统村落""民族体育""传统体育""融合""保护""发展"等为核心关键词，对相关期刊论文、学位论文、报纸、会议等进行网络搜索、查阅、下载和阅读；通过到图书馆、书店、政府部门、村委会等，查阅、购买和收集了相关文献、专著、年鉴、规划、文件、报告等。据不完全统计，共收集到的重要文献资料 100

余份，为本研究提供了重要的理论和数据支撑。

（二）个案研究法

本研究选择了具有典型少数民族村寨聚落特征和丰富传统体育文化资源的武陵山区为研究区域。武陵山片区跨湖北、湖南、重庆、贵州四省市，是少数民族聚集多的特困地区，世居土家族、苗族、侗族、白族、回族和仡佬族等9个少数民族，民俗风情浓郁丰富。根据国务院扶贫开发领导小组办公室国家发展和改革委员会拟定的《武陵山片区区域发展与扶贫攻坚规划（2011—2020年）》，将加强对武陵山片区少数民族文化遗产的挖掘和保护，抢救、整理和展示少数民族非物质文化遗产，弘扬民族传统文化；重点发展民族特色体育，加强城乡体育健身场地和设施建设，鼓励开发具有地方民族特色的体育健身项目，举办区域性全民体育活动，选拔体育人才。创办体育节，增加群众性体育活动[①]。

在区域里我们又选择了与本研究高度相关的"河湾村寨""土家十三寨"等为典型样本进行解剖麻雀式的微型研究。河湾村寨历史悠久，始于上古，盛于明清，人杰地灵，目前保存有渝东南地区唯一与宗祀为一体的土家"摆手堂"，成为现今研究土家族原生态文化的生存与变异轨迹的重要实物资料。河湾山寨都是清一色的土家风情民居——吊脚楼，建筑风貌均为明清格调，古朴典雅、独具特色，距今已有600多年的历史。河湾山寨沿酉水河岸逐层阶梯式向上布局，建造层次分明，在2005年被陕西省古文化研究所和重庆市文物考古队的专家们誉为"最美的土家山寨"，2006年被酉阳县政府授予"最美土家村寨"称号。

河湾村寨有深厚的文化积淀，河湾土家人长期与大自然磨合，创造了丰富的独具土家特色而又不可复制的土家文化。民歌、山歌、打鱼歌、抬岩歌、船工号子、哭嫁歌、木叶情歌等内涵丰富、层出不穷。游冥、观花、跳神、敬牛神、打绕棺、做道场、还傩愿等巫傩文化古传原味，还有舞龙、舞狮、彩龙船、摆手节、祭祖节、过赶年、赛龙舟等民间活动从未间断，这些都是河湾土家人宝贵的文化财富和精神财富，成为滋养土家人繁衍生息的根与魂。同时，河湾村寨山环水抱，风光独特，空气清新，绿树成荫，环境污染较少，基本上保留了原住居民的生活风貌。

[①] 武陵网——武陵山片区区域发展与扶贫攻坚规划（2011—2020年）（国务院扶贫开发领导小组办公室国家发展和改革委员会编制）。

选取河湾村最主要的理由,就是摆手舞,摆手舞是河湾村传统文化的代表。所谓摆手舞,是土家人通过"摆手"这一独特动作形式,并辅以头、脚、腿、腰、髋等身体部位动作及队形变化演示和讲述本民族的生产、生活、宗教、礼仪、祭祀等民族文化的一项体育活动或舞蹈形式。相传酉阳后溪摆手舞是历代土家人为祭祀唐代后晋天福四年土家田、彭、白、向、覃五姓结盟首领彭公爵主而跳的舞蹈。酉阳摆手舞记录了酉水河流域地区的土家先民在渔猎、农耕时期的生产生活习俗,主要表现了土家先民的民族迁徙、狩猎征战、刀耕火种和饮食起居的全过程。动作形式有栽秧、薅草、单摆、双摆、抖虼蚤、网山羊、找果子、摘苞谷、种棉花、撒小米、撵野猪、叫花子烤火、螃蟹上树、岩鹰展翅、状元踢死府台官等20多种,队列有环形摆、双圆摆、双铜钱、插花摆、一条龙、螺丝旋顶、绕山涉水等30多种。摆手舞的基本动作同脚、同手、同边、以臂带动全身,要求上不过眉、下不过膝、粗犷有力,融歌、舞、乐于一体。

河湾村寨一角
(本图片由后溪镇公共文化服务中心彭开福提供)

2002年酉阳县被国家文化部授予"摆手舞之乡"称号,时至今日,摆手舞依旧是土家人最具代表性的民族文化之一,在帮助人们认知民族文化、促进民族认同和民族团结、打造酉阳地方名片、助推酉阳旅游经济建设等方面仍旧发挥着重要的作用。

河湾村原始摆手舞和课题组与当地农家乐员工同跳摆手舞图

河湾山寨具有五大特色：（1）是中国土家山寨体量最大的山寨。特别是有保存完好的土家吊脚楼群，体现了土家民族精巧、精致、精细的建筑风格，是土家建筑文化的光辉典范，被誉为中国最大最美土家山寨。（2）寨民宗族聚居传承奠定了世代团结的基础，中央电视台《记住乡愁》栏目第一季第50集曾以《世代尚和》为题向全国、全世界对河湾村的文化进行了播放和宣扬。（3）独特的风水建筑特色。河湾山寨坐落于酉水河流域的一个转弯处，前有酉水河，后有白虎山，两旁各有小山堡予以抚衬，完全符合先民的"前青龙、后白虎、左朱雀、右玄武"风水观。吊脚楼式房屋临河依山而建，阶梯式布局，层层向上层次分明，错落有致，鳞次栉比。特别是吊脚楼飞檐翘角，走马转角，榫斗结构美观大方，紧密无间，通风向阳，雄伟壮观，赋予河湾山寨"飞檐翘角伸酉水、酉水碧波映楼台"的美誉。（4）河湾地锁荆楚，水润鄂湘。追溯历史，曲折漫长，三国时代曾是酉阳治所，是土家融合发展的重要载体。特殊的区位，600年漫长的历史，滋生了丰富多彩的古歌（巫傩）文化、民歌、山歌、大夯歌、梆岩号子、酉水船工号子、孝歌、哭嫁歌、摆手舞、茅古斯舞、梅嫦捕猎舞等歌舞文化；有三月三、腊八节、过赶年等传统习俗，以及三棒鼓、礼灯、思腔壳戏、傩戏等戏曲文化，被誉为土家文化发祥地，土家族摆手舞的发源地。（5）众多的民间体育传统文化特色。原始的摆手舞、丧葬舞（打绕棺）、骑竹马、跳高、赛龙舟、抵腰劲、掰手劲、踢毽子、抢蛋、牵羊、爬山、拉绳（拔河）等体育活动项目不仅具有信仰崇拜特色，而且有着极强的健身功能。以上五大特色，构成了河湾山寨作为中国少数民族村寨的基础要素。

板夹溪十三寨①。板夹溪是地震堰塞湖小南海的主要溪流，位于黔江区小南海镇北部。沿板夹溪逆流而上，两岸分布着13个原始古朴的土家山寨，多以姓氏为寨名，形成具有典型代表性的土家民居群落，目前有近200户800人。过去由于经济落后和交通闭塞，使十三寨保留了土家人的原始生产生活方式，犁耕锄挖、肩挑背磨、石磨推浆、石臼舂谷；保留了土家人独特的民族风情，能歌善舞，出口成歌，后坝山歌为市级非物质文化遗产，充满浓郁的乡土气息。流传下来的土家原始摆手舞旋律轻快，动作原始质朴，给人赏心悦目的感受。后坝石板老街、贞节碑、古神龛、清朝朝门牌匾、富甲一方大财主罗炳然老房子、古学堂等等很多文物古迹，印证着十三寨的历史繁荣。如今，农耕田园、土家民居、民风民俗、山水风光，构成了板夹溪十三寨的旅游特色，使之成为土家人的心灵家园，是"全国少数民族特色村寨""中国美丽乡村""中国宜居村庄""中国首家土家生态博物馆""重庆十大避暑纳凉目的地"。

板夹溪十三寨平面图

(本图片由黔江区民族宗教事务局提供)

在十三寨中，与本研究最为相关的就是摆手寨。摆手寨现有民居10余栋，40余户，110余人，主要姓氏为吕姓、张姓、王姓等，土家族、苗族杂居。世居

---

①相关文字、图片均由黔江区民宗局提供。

于此的吕氏，曾是罗家在板夹溪家业的管家。摆手寨吕氏民居是黔江区重点文物保护单位，因这里的土家族人已经将摆手舞变成了他们的日常活动，夜夜高歌，逢节起舞而被称为摆手寨。这里是目前板夹溪居住人口最多的一个寨子，也是十三寨旅游综合服务区。吕氏民居为全木结构的四合院，建于清咸丰年间，是罗炳然祖父罗东海所建，有夹层楼板，用于专门收藏贵重物品。共 11 间正房，5 间厢房，5 间下厅房，窗户多为雕花窗。上厅曾为土王祠，中间宽敞的石坝子作为摆手堂。如今板夹溪的民间表演队，经常会展演摆手舞等土家民间歌舞。现摆手寨公路两边的居民多为从高山迁入的苗民。

土家十三寨之摆手寨
（本图片由黔江区民族宗教事务局提供）

总体而言，"河湾村寨""土家十三寨"是本研究不可多得的重要文本，都是课题组长期驻足的田野调查地，特别是从地缘来看，非常便于课题组经常性、持续性开展相关研究。据统计，课题组先后 20 余人次深入"河湾村寨""土家十三寨"进行田野调查，历时近两个半月，访谈人数 110 余人，主要包括镇政府、村委会管理人员、当地百姓、游客等。在调研中，主要采用访谈提纲的形式进行数据采集。

三、研究内容

1. 为了紧紧把握研究主旨，本书首先针对融合发展理论、可持续发展理论、

"五位一体"总体布局这几个核心理论和传统体育、少数民族特色村寨、供给侧改革这几个核心概念进行了界定和梳理，为本书研究做了基础引领和理论铺垫。

2. 对少数民族特色村寨建设的由来与发展进行了较为详细的历时性梳理，然后紧扣研究主旨，从"五位一体"总体布局的融合发展、保护与发展的协调、传统与现代的融合，来对少数民族特色村寨建设的目标与任务进行了详细的解读和剖析，最后分析了少数民族特色村寨建设所取得的成效、主要的做法和存在的问题，整体较为全面和深入地展示和呈现出了少数民族特色村寨建设的现状与概貌，为研究问题导向的把握和聚焦提供了数据支撑。

3. 分别从联系性、整体性、生态性、发展性，从文化自信、共生共存、互赢发展，从遵循文化本色、尊重民族情感、突出实际效应、坚持历史审视、坚持适应创新、着力于供给侧改革等维度，阐释和强调了少数民族特色村寨传统体育文化融合发展的科学内涵、精神实质和实践要求，为少数民族特色村寨传统体育文化融合发展的研究和实践搭建了理论框架和提供了理论指导。

4. 厘析了传统体育融合发展在促进和助推少数民族特色村寨政治建设、经济建设、社会建设、文化建设和生态文明建设充分体现，保护与发展充分协调，传统与现代充分融合上的独特功能、价值与作用，强化和回应了少数民族特色村寨传统体育文化融合发展实践及研究的现实意义。

5. 剖析了少数民族特色村寨传统体育文化融合发展的一些常规做法，揭示了传统体育文化的融合发展在促进少数民族特色村寨建设上的一些显著成效。并着重引出少数民族特色村寨传统体育文化融合发展所存在的诸如村寨经济建设挤压传统体育文化的融合、内生动力弱化、传统和特色丢失、失范化和同质化倾向严重、脱离村寨需求等普遍问题，为少数民族特色村寨传统体育文化融合发展的供给路径设计和机制构建作铺垫。

6. 结合供给侧结构性改革相关理论和少数民族特色村寨传统体育文化发展实际，提出和强调要推动少数民族特色村寨传统体育文化的创造性转化和创新性融合发展，必须顺应国家供给侧结构性改革背景和思维，提升传统体育融合发展供给质量，调整传统体育供给结构，优化传统体育供给资源配置，提升传统体育供给效应，促进传统体育融合发展的持续有效供给，这是传统体育顺应少数民族特色村寨建设的必然趋势和必然之举。在此基础上，揭示了少数民族特色村寨传统体育融合发展的供给侧结构要素主要包括供给主体、供给技术、供给产品和供给资金，并进一步探究了这四大供给要素在结构配置和质量效应上所存在的矛盾与问题。也由此提出了遵循以少数民族特色村寨建设为落脚点、以供给侧全要素协同为着力点、以提质增效为兴奋点、以融合式发展为触动点、以保护传统体育文化为基本点、以满足人们的日益需求为根本点的传统体育文化融合供给原则与导向，构建了着力优化和提升供给主体、供给技术、供给产品、供给资金要素配置与要素质量的供给侧改革方法与举措。

7. 揭示了政策、信息、社会、经济"四大要素"是少数民族特色村寨传统体育融合发展重要的外部环境和条件机制，村寨广大居民的认同是少数民族特色村寨传统体育融合发展重要的内部动力机制，并针对性地提出了优化外部环境条件和激发内部动力的机制与措施，力求为建设少数民族特色村寨和保护民族传统体育文化资源提供理论参考和方法借鉴。

四、主要建树

1. 本书丰富拓展了民族地区传统体育和少数民族特色村寨建设关系的方法视野和领域内容。虽然近年来特别是体育学界的很多学者都在潜心研究和辛勤耕耘着民族地区传统体育文化的保护与发展问题，也对少数民族特色村寨建设有所关注，但真正专注于研究和阐释传统体育文化与少数民族特色村寨建设之间关系的尚不多见且缺乏深入和系统，总体还显得非常薄弱，而且存在着很多盲区。借此，课题组捕捉和跟随着前人的研究身影、足迹和视点，将传统体育与少数民族特色村寨建设之间的关系定义在"融合发展"上予以深入、系统研究。借助民族学、人类学、社会学等学科前沿知识，以及可持续发展理论、供给侧改革理论、融合发展理论等，采用重点区域和重点个案相结合的田野研究法，研究传统体育与少数民族特色村寨之间的融合发展关系，撩开传统体育文化与少数民族特色村寨之间融合发展的理论、功能、现状、路径和机制，从传统体育保护和少数民族特色村寨建设本质要求和根本方法上，强调传统体育保护和少数民族特色村寨建设的融合发展双赢机制。

2. 本书揭示了传统体育文化与少数民族特色村寨建设之间的融合发展关系和机理，呈现出了传统体育文化与少数民族特色村寨建设融合发展的关联脉络和印迹，为人们保护传统体育文化和建设少数民族特色村寨提供了一种新的视角和方法。同时，也丰富发展了传统体育文化保护和少数民族特色村寨建设理论，为我国传统体育文化保护及少数民族特色村寨建设研究领域初步构建和贡献了融合发展"理论"或"学说"。

3. 本书构建了传统体育与少数民族特色村寨建设融合发展的供给侧结构性改革路径与机制。近年来，很多专家学者在研究传统体育文化的保护、传承与发展和少数民族特色村寨建设上，都提出了一些有益的措施建议和观点见解，但主要还是集中和停留在一种"需求侧"思维和方式上，缺乏用"供给侧结构性改革"的思维或方式来研究和实践。而"需求侧"是从运行结果出发，是一种需求性动力，不是发展的原动力；"供给侧"是从源头入手的，力图从制度变革、结构优化和要素升级等根本的、可持续的动力出发，实现其更加突出长远的转型升级。同时，从当前村寨居民对传统体育文化的需求或动力看，传统体育文化依然存在着有效供给不足，或者说并不能够满足居民幸福感、快乐感这一现实需求问题。包括内容、形式、服务、设施、产品等与人民群众日益增长的美好生活和文化需求不适应、不匹配、不协调。特别在娱乐性、观赏性、健身性上，与人们的需求还有很大的差距，所以导致人们不愿意参与到传统体育文化活动中，这是当前少数民族村寨传统体育保护与发展或者说融入村寨建设所面临的主要问题。为此，本研究将传统体育文化与少数民族特色村寨建设的融合发展置于供给侧结构性改革中进行定义、考量、认知和操作，为传统体育文化与少数民族特色村寨建设的融合发展提供更加科学、合理的方式与方法。

五、主要创新

1. 学术思想上的创新。一是有助于深刻领会特别是党的十八大提出的"五位一体"总体布局背景下，通过传统体育文化的融合发展并在"供给侧结构性改革"思维下来协调和促进少数民族特色村寨建设的科学内涵、精神实质和实践要求；二是对少数民族特色村寨建设以及传统体育发展既丰富发展了理论体系，也为实践提供了理论支撑。

2. 学术观点上的创新。主要是通过传统体育文化的融合发展并借鉴和运用"供给侧改革"思维来协调和促进少数民族特色村寨建设，传统体育文化在发挥其协调和促进过程中其自身也得到保护与发展。

六、研究价值

1. 学术价值。立足"五位一体"总体布局大背景和"供给侧结构性改革"思维，来研究少数民族特色村寨传统体育文化的融合发展相关问题，形成科学、合理的少数民族特色村寨传统体育文化融合发展的理论框架、实施路径与保障机制，力求丰富和发展我国少数民族村寨传统体育文化保护与发展的方法和理论体系，为我国少数民族村寨建设及传统体育文化的保护与发展提供新的学术视野和学术思想，为学界致力于少数民族特色村寨和传统体育文化研究提供理论和方法借鉴。

2. 应用价值。力图通过审视"五位一体"总体布局大背景和"供给侧结构性改革"思维下传统体育文化融合发展的科学内涵、思想精髓，进而为民委、财政、文化、旅游、建委、体育等政府部门，乃至社会企业、团体等探索少数民族特色村寨建设和传统体育文化保护与发展提供决策依据和实践借鉴。同时，测度与构建少数民族特色村寨传统体育文化融合发展的功能、路径、机制及对策，为少数民族特色村寨建设及传统体育文化的保护与发展提供可行性方案与改进建议。

第二章
核心理论与概念

少数民族特色村寨传统体育文化的融合发展，无论在科学研究层面还是在实践操作层面，都需要借助一定的理论作为指导和支撑。同时，也需要对所涉及的核心概念能够有一个清晰的界定和认识。本书所涉及的核心理论主要是融合发展理论、可持续发展理论、"五位一体"总体布局，核心概念主要是传统体育、少数民族特色村寨和供给侧改革。

第一节 核心理论

一、融合发展理论

融合发展，是指几种不同的事物合成一体发展，相互间互利互惠、互补共赢、支持协作。融合发展强调事物间高度的关联性、系统性、合力性、发展性，相互间互为基础、互为支撑、互为条件、互为贡献、互为力量，相互间形成取长补短、共同发展的局面和态势。融合发展体现了联系的观点，就少数民族特色村寨传统体育文化融合发展这一命题而言，要充分认识到传统体育文化与民族村寨是一个相互联系的统一整体，两者是相互联系、相互作用的。这种联系和作用是客观存在的，是这两者固有的本性且不以人的意志为转移。两者通过千丝万缕的联系和作用无穷无尽地交织融合在一起。你中有我、我中有你、你支持我、我支持你、你需要我、我需要你，从而维系和保证彼此的存在和发展。另外，融合发展强调事物间的整体性，整体离不开个体，不认识、不发展个体，就无法认识整体、发展整体。同时，个体离不开整体，没有整体个体将不可存在。"融合不是相互依赖、相互牵制、相互融解，而是为了把各自的优势进行配置组合，扬长避短，把单一的优势变成整体优势，借助他人的优势，强化自己的优势，借助他人的优势，使自己的劣势转化为优势"①。

少数民族村寨与传统体育文化其实也是一种整体与个体之间的关系，少数民族村寨与传统体育文化的融合发展，就是遵循了两者之间的整体性关系。同时，少数民族特色村寨传统体育文化的融合发展，不是传统体育文化片面、机械、简单的依赖、牵制、融解在村寨建设中，而是通过在自我供给上的革新，进而更加主动和科学有效地融于村寨建设中。突出强调和彰显传统体育文化在村寨建设中的主动作为、主动贡献、主动协作、主动发力，达到1+1>2的效果，共同推动村寨建设和传统体育文化的保护与发展。

二、可持续发展理论

关于"可持续发展"，自从联合国教科文组织于1992年在巴西里约热内卢召开的世界环境与发展大会正式接受以来就成为世界共同话题，被世界各国所认同和接受。关于可持续发展的概念，在联合国教科文组织中的最初定义，是指"人类在经济社会发展和能源开发中，以确保它满足目前的需要而不破坏未来发展需求的能力"。在《新编现代汉语词典》（云南出版社）中是"指自然、经济、社会协调统一的社会发展。发展过程中，在不牺牲后代人需求的情况下满足当代人的需求"。可持续发展提出的背景，主要是由于经济快速发展中的工业化带来环境的恶化、资源的大量使用与浩劫，于是人们基于人类自身的生存需求，强调以人为本，着眼于人类只有一个可生息的地球生态，强调自然资源对人类生存和生态的重要性，特别强调自然生态与人类社会的协调共存，努力实现人类生存生活与经济、社会、环境、生态等之间的永续协调。

随着经济社会的发展，传统体育文化的资源性在村寨建设中的作用表现得越来越明显化、多样化、直观化和现实化，传统体育文化早已成为了村寨建设中一项重要的可持续开发、可持续利用的文化资源。但不管是少数民族特色村寨建设还是少数民族传统体育的保护与发展，其归根结底都是为了人类的可持续美好发展，都是人类可持续美好发展的"根""本""魂"。所以必须留住、守住、护住，特别是要保证传统体育文化成为促进少数民族特色村寨建设的永续资源，以此促进和保证传统体育文化与少数民族特色村寨的可持续发展。因此，根据可持续发展理论，传统体育文化与少数民族特色村寨建设的融合发展，首要的就是要

---

①中共哈密地委政策研究室. 哈密融合型经济发展理论与实践［M］. 乌鲁木齐：新疆人民出版社，1997.

保证传统体育文化和少数民族特色村寨这两者各自的可持续发展，其次是要保证传统体育文化与少数民族特色村寨建设的可持续融合发展。

三、"五位一体"总体布局

党的十八大根据我国经济社会发展实际，确定了我国社会主义的总体布局为中国特色社会主义的政治建设、经济建设、社会建设、文化建设和生态文明建设的"五位一体"总体布局。"五位一体"的崭新布局，是中国社会主义事业总体布局的集大成，是中国社会主义事业发展的历史经验的科学总结，规划了中国特色社会主义的总体部署，确定了中国特色社会主义的全面发展方向，明确了推进我国经济社会发展的基本工作方针和奋斗目标。"五位一体"着眼于全面建成小康社会，将为中国到2020年如期实现全面建成小康社会目标，以及实现社会主义现代化和中华民族伟大复兴提供强有力的保障。"五位一体"的新布局是在科学发展观指导下产生的，更加强调均衡、可持续和以人为本的发展，这是总揽国内外大局、贯彻落实科学发展观的一个新部署，它代表了人民群众的根本利益和共同愿望。

在党的十九大报告中，强调新时代中国特色社会主义思想，必须明确中国特色社会主义事业总体布局是"五位一体"，少数民族特色村寨建设是我国振兴乡村的重要内容，是关乎我国农村经济社会发展，全面建设小康社会能否实现的重要体现。少数民族特色村寨建设同样要坚持村寨政治建设、经济建设、社会建设、文化建设和生态文明建设的"五位一体"总体布局，坚持村寨政治、经济、社会、文化和生态文明建设的可持续协调发展，这是少数民族特色村寨建设的重要指引、重要目标、重要原则和重要要求。

第二节　核心概念

一、传统体育

所谓传统体育，课题组曾进行过界定和厘析，是指由特定民族或民族群体在漫长的社会实践中已创造和积累的，以增进人的身心健美为目的，以各种身体运动和游艺为手段，集健身、教育和娱乐为一体并世代沿袭相传的一种身体文化现象[①]。

[①] 张世威. 乌江流域民族传统体育文化通融性考论[M]. 北京：中国社会科学出版社，2018.

对传统体育概念的界定和理解,关键是对"传统"二字的理解和把握。"传"是一个历时性概念,具有延续性、不间断性和发展性,即是活在现在的过去的一种存在物。"统"是一个共时性概念,强调事物的全面性、延续性、逻辑性和稳定性,"传统"是一个"共时性"和"历时性"的辩证统一。"传统"也是一种具有"遗产"属性的文化现象,其内容包括精神、风俗、道德、思想、艺术、制度等社会因素,涉及人们的劳动、生活、思维、行为,以及政治、经济、意识等领域,并通过社会心理结构及其他物化媒介得以世代相传[1]。"传统"是人类活动的创造成果,其创造的主体是某单一民族或民族群体。

二、少数民族特色村寨

2012年,《国家民委关于印发少数民族特色村寨保护与发展规划纲要(2011—2015年)的通知》中,将少数民族特色村寨定义为:指少数民族人口相对聚居,且比例较高,生产生活功能较为完备,少数民族文化特征及其聚落特征明显的自然村或行政村。并指出"少数民族特色村寨在产业结构、民居式样、村寨风貌以及风俗习惯等方面都集中体现了少数民族经济社会发展特点和文化特色,集中反映了少数民族聚落在不同时期、不同地域、不同文化类型中形成和演变的历史过程,相对完整地保留了各少数民族的文化基因,凝聚了各少数民族文化的历史结晶,体现了中华文明多样性,是传承民族文化的有效载体,是少数民族和民族地区加快发展的重要资源。""支持少数民族特色村寨保护与发展,是社会主义新农村、新牧区建设的重要组成部分,是民族工作的重要组成部分,也是保护中华文化多样性的重要举措。做好这项工作,对于促进民族地区经济发展,传承和弘扬少数民族传统文化,增强民族自豪感,提高各民族的凝聚力、向心力,巩固和发展平等、团结、互助、和谐的社会主义民族关系具有重要意义。"

2013年,《国家民委关于印发开展中国少数民族特色村寨命名挂牌工作意见的通知》中,又将少数民族特色村寨定义为:指民居特色突出、产业支撑有力、民族文化浓郁、人居环境优美、民族关系和谐的少数民族村寨。并指出"这些少数民族特色村寨在民居式样、产业结构、村寨风貌以及风俗习惯等方面集中体现了少数民族经济社会发展特点和文化特色,是传承民族文化的有效载体,是加快少数民族和民族地区发展的重要资源,保护和发展少数民族特色村寨是推动民

---

[1] 李宗桂. 优秀文化传统与民族凝聚力 [J]. 哲学研究,1992 (3). 46-55.

地区美丽乡村建设和全面建成小康社会的重要举措"。

三、供给侧改革

供给侧改革是供给侧结构性改革的简称，就是从提高供给质量出发，用改革的办法推进结构调整，矫正要素配置扭曲，扩大有效供给，提高供给结构对需求变化的适应性和灵活性，提高全要素生产率，更好满足广大人民群众的需要，促进经济社会持续健康发展。供给侧改革是于 2015 年在我国经济领域里出现的一个热词，是以习近平同志为总书记的中央领导集体在新时代中国特色社会主义建设时期治国理政的重要战略部署。供给侧改革不仅对深化我国经济领域改革与发展具有重要的指导意义，同样也是文化、体育、教育、科技等相关领域改革与发展的必然要求与选择。

所谓少数民族特色村寨传统体育文化融合发展的供给侧结构性改革，就是指从提高传统体育文化融合发展的供给质量出发，用改革的办法调整传统体育文化在融合发展中的供给侧结构，矫正供给侧要素配置扭曲，扩大其有效供给，提高传统体育文化供给结构对少数民族特色村寨建设需求变化的适应性和灵活性，提高传统体育文化供给的全要素生产率，提升传统体育文化融合发展的效率和质量，发挥传统体育文化在促进少数民族特色村寨建设与发展中的最优效能，力争实现在促进少数民族特色村寨保护与发展、传统与现代相协调相融合，以及政治、经济、社会、文化和生态文明建设融合发展的同时，促进传统体育文化的可持续保护与发展。

第三章
我国少数民族特色村寨建设的现状

少数民族特色村寨只是对村寨的一种特殊命名，其发展历程可以追溯到人类学、社会学意义上的村寨的形成或出现。少数民族特色村寨在影响和带动我国民族地区的经济社会发展上发挥了重要作用，表现出了极大的发展潜力，受到了党和政府的高度重视以及社会的普遍关注。少数民族特色村寨传统体育文化的融合发展，其根本目的就是想通过传统体育文化的融合发展来促进少数民族特色村寨的建设与发展。而要对传统体育文化的融合发展提出科学、合理的建议，就必须得弄清楚少数民族特色村寨建设与发展的现状，特别是问题与症结所在。

第一节 由来与发展

早在2009年，国家民委与财政部就开始实施少数民族特色村寨保护与发展项目，截至2012年，中央财政投入少数民族发展资金2.7亿元，同时吸引多方面资金，在全国28个省、区、市370个村寨开展试点，取得了明显成效。2012年，国家民委又根据《中共中央国务院关于深入实施西部大开发战略的若干意见》（中发〔2011〕10号）、《国务院关于进一步繁荣发展少数民族文化事业的若干意见》（国发〔2009〕29号）、《村庄和集镇规划建设管理条例》《少数民族事业"十二五"规划》，编制印发了《少数民族特色村寨保护与发展规划纲要（2011—2015年）》（后简称《纲要》），强调少数民族特色村寨在产业结构、民居式样、村寨风貌以及风俗习惯等方面都集中体现了少数民族经济社会发展特点和文化特色，集中反映了少数民族聚落在不同时期、不同地域、不同文化类型中形成和演变的历史过程，相对完整地保留了各少数民族的文化基因，凝聚了各少数民族文化的历史结晶，体现了中华文明多样性，是传承民族文化的有效载体，是少数民族和民族地区加快发展的重要资源。"支持少数民族特色村寨保护与发展,是社会主义新农村、新牧区建设的重要组成部分,是民族工作的重要组成部分,也是保护中华文化多样性的重要举措。做好这项工作,对于促进民族地区经济发展,传承和弘扬少数民族传统文化,增强民族自豪感,提高各民族的凝聚力、向心力,巩固和发展平等、团结、互助、和谐的社会主义民族关系具有重要意义。""由于自然、历史等原因,少数民族特色村寨的保护与发展仍面临许多困难和问题,主要表现在:这些村寨多位于边远落后地区,贫困问题突出;受自身条件限制,传统经济转型困难;在工业化、城镇化的背景下,民族文化传承遭受巨大冲击;受多种因素影响,许多传统民居被造价低廉的简易建筑所取代,村寨的民族特色和乡村特色急速消失。因此,做好少数民族特色村寨保护与发展工作,在促进经济发展的同时抢救和保护少数民族传统文化刻不容缓。"

为进一步发挥少数民族特色村寨的品牌效应,促进全国少数民族特色村寨的保护与发展,2013年12月国家民委发布了《国家民委关于印发开展中国少数民族特色村寨命名挂牌工作意见的通知》,指出:"少数民族特色村寨是指民居特色突出、产业支撑有力、民族文化浓郁、人居环境优美、民族关系和谐的少数民族村寨。这些少数民族特色村寨在民居式样、产业结构、村寨风貌以及风俗习惯等方面集中体现了少数民族经济社会发展特点和文化特色,是传承民族文化的有效载体,是加快少数民族和民族地区发展的重要资源,保护和发展少数民族特色村寨是推动民族地区美丽乡村建设和全面建成小康社会的重要举措。"

2014年9月,国家民委又发布了《国家民委关于命名首批中国少数民族特色村寨的通知》,指出2009年以来,在各地各部门的高度重视和大力支持下,少数民族特色村寨保护与发展工作广泛开展,取得了显著成效,涌现了一大批民居特色突出、产业支撑有力、民族文化浓郁、人居环境优美、民族关系和谐的少数民族特色村寨,对推动少数民族特色村寨保护与发展工作起到了重要的示范带动作用。为进一步推动少数民族特色村寨的保护与发展、扩大少数民族特色村寨品牌的影响力和辐射力,按照《命名挂牌意见》的有关要求,由各地民委推荐,经专家评审并报国家民委委务会议批准,决定命名北京市房山区窦店镇窦店村等340个村寨为首批中国少数民族特色村寨,并予以挂牌。

2017年3月,国家民委又颁发了《国家民委关于命名第二批中国少数民族特色村寨的通知》,指出:为进一步推动国少数民族特色村寨保护与发展、扩大少数民族特色村寨品牌的影响力和辐射力,按照《命名挂牌意见》的有关要求,经各地民委推荐、专家评审并报国家民委委务会议批准,决定命名北京市怀柔区喇叭沟门满族乡中榆树店村等717个村寨为第二批中国少数民族特色村寨,予以挂牌。截至2020年,国家民委已经命名了三批次,第一批次为340个,第二批次为717个,第三批次为595个,共计1 652个(具体见附录)。

第二节　目标与任务

一、"五位一体"总体布局的协同

"五位一体"总体布局是党的十八大提出的,要求在建设中国特色社会主义事业的总体布局中,要全面关照政治建设、经济建设、社会建设、文化建设、生态文明建设,不允许在以上任何方面出现缺失与偏差。只有按此总体布局全面推进,才能高质量地、较快地建成中国特色社会主义事业。同样,在少数民族特色村寨,也必须全面关照政治建设、经济建设、社会建设、文化建设、生态文明建设。只有按此总体布局,少数民族特色村寨建设才会取得更好的结果,这是一个原则问题。根据《国家民委关于印发少数民族特色村寨保护与发展规划纲要(2011—2015年)的通知》,少数民族特色村寨"五位一体"融合发展的主要内容和要求是:

（一）政治建设

充分利用少数民族传统节日开展创建活动,采取文艺演出、体育竞技等多种形式,促进各民族交流、了解和团结。把民族团结的内容纳入村规民约、文明家庭和文明村民评选标准,增强各族群众珍惜和维护民族团结的自觉性,构建和谐的民族关系,推动少数民族特色村寨可持续发展。

（二）经济建设

目标是群众收入大幅提高,大力发展民族特色旅游业,充分发挥村寨自然风光优美、人文景观独特的优势,把经济发展与特色民居保护、民族文化传承、生态环境保护有机结合起来,培育壮大特色村寨乡村旅游。加强旅游设施建设,完善旅游服务功能,提升旅游接待能力。引导村民重点发展"农家乐""牧家乐""渔家乐""水上乐",培育和开发少数民族特色餐饮。深入挖掘民族村寨文化,将民族文化元素有机地融入到民族村寨旅游产品开发的各个环节中。举办少数民族节日庆典、祭祀活动,集中展示村寨文化,丰富游览内容。加大对特色村寨的包装、推介、宣传力度，发挥少数民族特色旅游在推动民族乡村发展中的引领作用，培育一批特色村寨旅游示范点，形成特色村寨旅游品牌，提升特色村寨影响力。

(三) 社会建设

目标是村寨民生得到保障和改善，民生之利、民生之忧、民生之困等得到很好的谋和解，人民群众最关心、最直接、最现实的利益问题得到解决，基本公共服务体系与机制得到了建立健全，全民健康水平得以提高，社会管理完善，社会安定团结，社会和谐。特别是政府的社会服务功能完善，政府职能没有"缺位""越位""错位"现象，人民的公平得到充分保障。社会组织得到了很好的发展，社会和公众的参与度高。

(四) 文化建设

目标是民族文化得到有效保护，民族文化有效传承，动静结合的民族文化保护模式基本形成，民族文化保护的体制机制基本建立。公共文体设施完好率达到100%，经常开展民族文化活动。其任务是加强民族文化保护与传承，强调并要求民族的本质特点是文化，保护民族特色村寨的乡土文化，就是保护民族文化的活水之源。主要内容包括：

1. 继续实施广播电视村村通、文化信息资源共享、农村电影放映、农家书屋等文化惠民工程，完善特色村寨的公共文化设施，重点加强集中体现民族特色、地方特色的标志性公共建筑，如寨门、戏台、鼓楼、风雨桥、凉亭、民俗馆、文化广场、文化长廊等的建设，为各族群众提供充足的公共文化活动空间。

2. 着力加强对民族文化的抢救与保护。积极做好本地区民间文化遗产的普查、搜集、整理、出版和研究，并归类建档、妥善保存。重点抓好民族文化的静态保护、活态传承。通过文化室静态展示传统生产工具、生活用具、民族服饰、乐器、手工艺品，保存民族记忆。鼓励、引导村民将民族语言、歌舞、生产技术和工艺、节日庆典、婚丧习俗融入日常生活，活态展示民风、民俗，传承民族记忆。特别在一些村寨，传统体育文化成为村寨唯一留存的传统文化，如果不对传统体育文化进行保护传承，不把传统体育文化融合发展在村寨建设中，从严格定义上来说，村寨文化将会出现断裂。

3. 加强民族文化的传承与发展。要重视发现、培养乡土文化能人、民族民间文化传承人，特别是国家级和省级非物质文化遗产代表性传承人；鼓励民族文化进校园、进课堂；鼓励少数民族文化工作者和社会各界人士参与村寨文化建设和群众文化活动。积极推动民族文化产品开发，通过市场推动文化传承。发挥传统乡规民约在传承民族文化中的作用，提高村民的文化保护自觉性。

4. 积极搭建群众性文化活动平台，鼓励村民开展对歌、民族舞蹈、举办节日庆典活动等文化活动，丰富群众业余文化生活，增强乡村民族旅游的文化特色和吸引力；支持群众创办具有当地特色的文化团体、表演队伍，精心培育根植群众、服务群众的民族文化活动载体和文化样式。

(五) 生态文明建设

目标是人居环境明显改善，村寨风貌、特色民居得到合理保护，传统建筑技艺得到传承和发展，促进人与自然的和谐发展。少数民族村寨的特色民居形式多样、风格各异，集中反映了一个民族的生存状态、审美情趣和文化特色。保护好特色民居，是保护民族文化的重要措施。在保护实践中，根据不同类型，采取保护、改建等不同方式，保持民族村寨的建筑风格，以及与自然相协调的乡村风貌，在维修、保护时要尽可能地保持其历史面貌。在重点旅游景区，对那些没有民族特色的建筑，可采取"穿衣戴帽"等方式进行改造，使之与周围环境相协调。在实施农村危旧房改造、移民搬迁、村屯合并等项目时，引导群众建设一些具有民族特色的新民居。访谈中，有专家认为，各级政府，各个部门，广大人民群众应加深对少数民族特色村寨保护与发展的重大价值、重要现实意义和深远历史意义的认识。它是关于我们从何处来、到何处去的重大问题。山寨有的是文化，有的是乡愁，是一部鲜活的历史教科书，我们不能数典忘祖。要记住民族的"根"守住民族的"魂"。我们应把传统的歌舞文化、体育文化融入社会、融入旅游之中，打好自己民族的"文化牌"，让文化永传山寨，推动旅游产业持续健康地发展。当前由于受资金、交通以及认识的不到位等多种因素的制约，村寨政治、文化、生态的融合机制还不够健全。我们应按照"在保护中发展、在发展中保护、在保护建设中利用"的总体原则，完善融合机制，满足人民群众日益增长的文化需求，提高群众生活质量，丰富景区文化内涵，推动旅游经济的健康持续发展。

二、保护与发展的协调

《国家民委关于印发少数民族特色村寨保护与发展规划纲要（2011—2015

年)的通知》(以下简称《纲要》)中指出,由于自然、历史等原因,少数民族特色村寨的保护与发展仍面临许多困难和问题,诸如贫困问题突出、传统经济转型困难、民族文化传承遭受巨大冲击、村寨的民族特色和乡村特色急速消失。因此,做好少数民族特色村寨保护与发展工作,在促进经济发展的同时抢救和保护少数民族传统文化刻不容缓。不难看出,保护与发展是少数民族特色村寨建设的两大主题,如何促进少数民族特色村寨保护与发展关系的协调,事关少数民族特色村寨建设的成败。

因此,《纲要》就少数民族特色村寨保护与发展关系的协调提出了明确的指导意见和政策规定。强调少数民族特色村寨建设要遵循"立足发展、保护利用;因地制宜、突出特色;科学规划、统筹兼顾;村民主体、自力更生;政府主导、社会参与"的基本原则。强调少数民族特色村寨既是保护对象更是发展资源,要通过挖掘利用少数民族村寨特有的文化生态资源,带动少数民族优秀传统文化的保护和传承,做到在发展中保护,在保护中发展,走出一条有特色、可持续的发展路子;要把握好少数民族特色村寨的发展规律,结合地域特征、民族特点、历史背景和发展水平,研究探索不同地域特征少数民族特色村寨保护与发展的不同模式,做到综合考虑、因地制宜、突出特色;要把特色村寨保护与发展纳入当地经济社会发展总体规划,充分发挥政府在少数民族特色村寨的主导作用,整合各方资源,同时发挥好市场机制的作用,广泛动员社会力量参与少数民族特色村寨的保护与发展;要发扬当地村民自力更生的精神,充分调动和发挥村民的积极性、主动性和创造性,提高村民的文化自觉性和自我发展能力。

少数民族特色村寨保护与发展的基本目标是:促进人居环境明显改善;群众收入大幅提高;村寨风貌、特色民居得到合理保护;动静结合的民族文化保护模式基本形成,民族文化保护的体制机制基本建立,民族文化得到有效传承;经常开展民族团结进步创建活动,各民族相处更加和睦等。

少数民族特色村寨保护与发展的主要任务是:改善村寨生产生活条件;深入挖掘民族村寨文化,举办少数民族节日庆典、祭祀活动,集中展示村寨文化,丰富游览内容,将民族文化元素有机地融入到民族村寨旅游产品开发的各个环节中;充分发挥村寨自然风光优美、人文景观独特的优势,把经济发展与特色民居保护、民族文化传承、生态环境保护有机结合起来,大力发展特色产业和民族特色旅游业;推进民居保护与建设;着力加强对民族文化的抢救与保护、传承与发展,鼓励村民开展对歌、跳民族舞蹈、举办节日庆典活动等文化活动,精心培育根植群众、服务群众的民族文化活动载体和文化样式；充分利用少数民族传统节日深入开展民族团结创建活动，促进各民族交流、了解和团结等。

三、传统与现代的融合

从历史深处一路走来的少数民族村寨，毫无疑问都充满着丰富的传统。正是这些传统养育了这些民族，支撑起了民族悠久的存在与发展历史。同时，任何少数民族村寨都会随着社会生产、政治变革、生活方式等变化而面临新的环境，都会有不同于传统的新因素影响着村民乃至整个族群的生产和生活，影响着该民族文化的存在、发展和文化调适过程。因此使得在这些特色村寨中，从来都具有传统与现代之间的冲突与融合问题。只是在社会变化较为缓慢、变化度较小、现代因素不强大的时代，这种冲突较为缓和，不易被人们察觉。而在社会快速发展的历史过程中，少数民族村寨传统与现代的冲突可能较为激烈，融合发展也会较普遍地发生，尤其是我国进入改革开放以来的几十年时间内，快速而深刻的社会变化促使着众多的现代元素涌入少数民族村寨，必然引发程度不同的传统与现代的冲突，也会在更大范围内引发传统与现代的融合问题。当然，不同的少数民族村寨，由于所处地理环境不同，所处地区的现代化进程不同，所受到的现代元素的冲击程度也将不同。

传统与现代并非是对立排斥的，在村寨"多元现代"图景中，传统与现代是并存补充的，村寨的乡土传统空间并没有也不可能因现代性的强力叙事而完全颠覆，或者终止或放弃自身固有的文化调适与更新机制。人们一方面不断选择吸纳现代元素并融入日常生活，使民族村寨呈现出一定程度的现代特征；另一方面则以草根的、民间的、地方性的"小传统"来表述民族村寨传统的空间边界与属性，这正反映了民族村寨传统与现代融合的复杂关系。但无论是对"现代"的选择与调适，还是对"传统"的甄别与坚守，其生发的前提都必须是契合村寨居民的生存法则和现实需求，而生存法则和现实需求这本身就蕴含着一种传统与现代的融合[①]。

关于传统与现代的关系，有专家是这样认为的：作为少数民族特色村寨，虽有众多特色，但有很多的建筑年久失修、破烂不堪，传统的牲畜饲养方式、圈厕的脏臭、柴草的乱堆放、庭院的杂乱、污水的排放等，对村容村貌造成了严重的

---

①肖青. 民族村寨文化的现代建构逻辑 [J]. 思想战线，2008（3）：6-10.

损害和恶劣影响。因此，务必在尊重历史、尊重传统文化脉络、加以保护的前提下，进行修复与改善。在修复改善过程中要尽力仿古、复制，在不损害原生态特色的前提下移出影响整洁美观的物件，加强生态建设，如栽花、植树、种草。让山寨既古色古香又整洁清新、宜居宜人。当然，不可否认，随着社会的发展很多现代文化元素是一定会进入山寨的，应采取"避"（尽力回避）、"装"（装进室内）、"藏"（藏于地下）的方式，让寨民既能享受现代生活，又不失山寨的民族传统风格，让传统文化与现代有机融合。

传统与现代的关系其实不是融不融合的问题，我认为是怎样融合的问题。以土家族的传统摆手舞为例，正是在尊重、保护传统特色的原则指导下，融入了较多的现代音乐舞蹈语汇，从而让人们不管在何时何地，一提起摆手舞，便自然而然地联想到这个"会摆手的民族"来。摆手舞等传统体育文化已经成为土家族人的一张响亮名片。毋庸置疑，传统与现代的有机融合应该是少数民族地区走向繁荣昌盛的必由之路。

第三节 建设情况

一、取得的成效

2009年，国家民委、财政部决定实施少数民族特色村寨保护与发展项目，2014年根据中央民族工作会精神改为少数民族特色村镇保护与发展（以下简称民族特色村镇建设）。项目实施以来，全国各地都进行了广泛持续的建设。如重庆市民宗委经过广泛普查，在270个上报村镇中优选94个实施重点建设，有22个村镇被国家民委命名为"中国少数民族特色村镇"。2017年和2018年，重庆市公布了少数民族特色村镇共94个，进一步扩大特色村镇品牌的影响力和辐射力，在激活民族经济、促进民族团结、传承民族文化，以及生态保护与发展区建设和乡村振兴中发挥着重要作用并取得了一定的成效。

（一）人居环境改善，村容村貌焕然一新

以重庆市为例，重庆市各区县特色村镇建设以特色民居保护和建设为重点，狠抓基础设施建设。譬如秀山县通过改厨、改卫、改圈、改院等措施，让传统民居得到了修缮、保护，水、电、路、通信等基础设施基本完善，生产、生活条件得到了根本性的改善，村寨整体风貌与周边自然环境也更加协调。截至2019年，累计修复特色民居812栋，改厨、改卫、改院700户；硬化公路8.3公里，铺设青石板路8.9公里；建成村级活动中心2个，活动广场1个；修复水井15个、整治河堤2 000米。黔江区投资近200万元，结合乡村旅游发展规划，编制了小南海十三寨、濯水古镇五里乡、程家大院等重点传统村落保护建设规划，并通过了专家评审；结合"两违"治理工作，在所有特色村镇内推行"先审后建"机制，确保特色村镇风格，同时，开展镇容村貌整治行动，全部拆除与村镇风格不协调的建筑物、广告、标识标牌等。为了全力打造设施完善、民情淳厚、文化古朴、风景秀丽的土家族、苗族特色村镇，投入民族资金2 930万元，整合其他资金近6亿元，启动实施了以小南海十三寨、濯水古镇为代表的一批特色村镇建设项目，全面改善了特色村镇基础设施条件。

（二）特色产业得到发展，群众增收渠道渐宽

产业是带动少数民族村寨稳定脱贫、逐步致富、持续发展的根本支撑。少数民族特色村镇的实施，让当地居民的思想逐步转变，开始依托本地资源和特色发展产业。比如秀山县海洋乡岩院村已办起2家农家乐；梅江镇民族村办起了晶铢苗绣工艺品专业合作社，发展绣娘56人，带动50户村民年均增收2.5万元；溪口镇茶园坪土家族特色村寨旁建成玫瑰谷，现已种植工业玫瑰1 000余亩，观赏玫瑰300余亩，以玫瑰种植、采摘、精油提炼为主业；钟灵镇陈家坝特色村寨成立了茶叶专业合作社，茶叶种植面积450余亩、户均7.76亩，年收入约112万元，户均1.9万元。

黔江区结合乡村旅游，推动特色村镇实现可持续发展，增加村民的增收致富渠道，提升村民参与村寨保护的自觉性，为特色村寨可持续发展奠定经济基础。小南海十三寨大力发展以土家族文化为主的民族文化旅游业，利用深厚的土家族文化、优美的自然风光和凉爽适宜的气候条件，大力发展乡村旅游业，2016年上半年全村实现人均纯收入6 900元。濯水古镇依托5A景区建设，投资近3亿元修复和改造古建筑1.4万平方米，恢复建筑4.2万平方米，建成集休闲、娱乐、餐饮、商务接待于一体的旅游胜地，2016年上半年全社区实现人均纯收入6 400元。

特别是旅游经济发展明显。根据重庆市民宗委提供的数据来看，2017年，截至6月中旬，重庆市特色村镇接待游客252.9万人，实现旅游综合收入2.98

亿元。其中濯水古镇接待游客 50 万人，旅游综合收入 1 亿元；蚩尤九黎城接待游客 35 万人，实现旅游综合收入 9 000 万元（表 3-1）。

表 3-1　2017 年上半年重庆市部分少数民族特色村镇旅游收入情况统计表

区（县）	项目名称	旅游人数（万人）	旅游收入（万元）
黔江	濯水古镇特色小镇	50	10 000
	板夹溪十三寨特色村寨	30	2 000
武隆	石桥乡八角村芙蓉湖特色村镇	0.3	60
	浩口乡田家寨民族特色村寨	0.2	40
	后坪乡天池坝民族特色村寨	0.6	120
	文复乡西山村马厂坝民族特色村寨	0.55	30
石柱	石家乡政府黄龙村少数民族特色村镇	1.5	450
	枫木乡政府昌坪村少数民族特色村镇	1	300
	金铃乡政府银杏村少数民族特色村镇	1	300
	西沱镇云梯街民族特色村寨	3	900
	金铃乡响水村特色村寨建设	0.5	150
	梨园村精品特色村寨	0.5	4
	大寨村土家族特色村寨	2	20
	大溪乡半坡特色村寨	0.7	5
	雅江镇少数民族特色村镇	0.5	8
	中平乡山源头特色村寨	0.3	7
酉阳	山羊村特色村寨	0.5	10
	内口村特色村寨	2.2	400
	魏市村特色村寨	0.12	20
	何家岩村特色村寨	2.4	420
	河湾村特色村寨	2.65	430
	红庄村特色村寨	0.8	165
彭水	蚩尤九黎城	35	9 000
	罗家坨苗寨	2.5	200

（三）文化传承有力，民族特色日趋浓郁

特色村镇的建设，不仅让传统建筑技艺得以传承和进一步发展，还有效激活了乡村旅游、民俗文化节庆氛围，助推了特色村寨升格为民族文化展示平台。比如秀山县梅江镇民族村的"四月八"苗王节，穿苗服、唱苗歌、打苗鼓、斗牛等，弘扬着苗家文化；清溪场镇大寨村的"三月三"活动，舞龙灯、跳花灯传承着土苗族民间技艺；钟灵镇陈家坝的茶文化节，采茶、炒茶、品茶传播着饮茶文化之美。黔江区一是建立了国家级非物质文化遗产南溪号子传承培训表演基地、小南海民族风情区、濯水古镇民族文化展示一条街等20余项民族文化生态保护建设项目库。二是累计投入4 000多万元建成武陵山民俗生态博物馆，每年设立200万元专项资金和总额为1 000万元的宣传文化基金，助力文化生态保护实验区建设。三是制订市级非遗项目生态传承方案，推行非物质文化遗产保护传承"123"工作模式，即为每一个传承项目出台一套政策，建立"动态保护"和"静态保护"两种保护模式，打造"传承基地、传承舞台、传承人"三个传承体系。截至2017年6月，已有1个国家级、11个市级非物质文化遗产，已建立8个传承基地，组建38支共计4 000余人的传承队伍。四是分类推进精品文化保护工程建设。加大特色村镇精品文化的传承、保护工作，目前国家级非物质文化遗产"南溪号子"、展示黔江风土人情和弘扬传承黔江优秀民族文化的电视连续剧《侯天明的梦》、大型民族歌舞诗《云上太阳》等作品实现了从区到市、全国闻名、走出国门的三级跨越。

（四）产业结构明显调整，农民收入得到提高

随着各特色村寨知名度的提高，扶持发展了系列农家乐。吃农家饭、看吊脚楼、游田园景、品民族情的"农家乐"生态休闲游正在各少数民族特色村寨广泛形成。由于经济效益突出，不仅服务质量能得到保证，也有力地促进了村民旅游经济意识的增长，如石柱山区玉米酒、老腊肉、野鸡、竹笋、白果、板栗等相应的土特产品也得到开发利用。酉阳县围绕旅游文化市场，合理调整产业结构和发展模式，培育"一村一品"特色产业，鼓励村民自主选择主导产业，因地制宜地发展地方经济。截至2017年，建成中药材、青花椒、油茶、茶叶、蔬菜等各类特色农业基地125万亩。全县已有10个少数民族特色村镇开办了农家乐、千家居近300家。在2017年1—8月，累计接待旅客70万人次，实现旅游综合

收入近10亿元。培育和开发酉水河豆腐鱼、乌江鱼、龚滩烧白、土家老腊肉等民族特色餐饮，推出干鱼、河虾、干菜、豆腐、竹笋等系列农特产品，为少数民族群众增收致富创造了有利条件。

(五) 思想观念积极转变，发展意识更加浓厚

经济的发展不仅改善了村民的生活水平，也使村民的综合素质上了一个大台阶。少数民族特色村寨保护与发展工作的推进，使自给自足、满足温饱、相对封闭的少数民族村落走向开放，村民的思想观念发生了质的飞跃，调动了村民发展的积极性。特别是政府部门的发展观念和意识得到了很大的提升和改变。如黔江区委、区政府成立了试点工作领导小组，定期听取工作汇报，协调解决工作中遇到的困难和问题，指导督促开展此项工作。将建设工作纳入对区直单位和乡镇的目标管理，与重点产业、重大项目和重要工作同部署、同督查、同考核。区政府主要领导多次深入相关村镇召开现场办公会议，解决特色村镇建设过程中的实际问题。各乡镇街道主要负责人亲自抓组织、协调、实施和落实。

(六) 村落文明逐渐显现，凝聚功能显著增强

结合少数民族特色村寨保护与发展工作，想方设法改造环境，使各种现代文明生活方式走进土家村落，与传统民族文化相辅相成、和谐共荣。各村镇通过开展民族团结进步示范户、文明户创建活动，树立乡村民族团结、社会和谐、文明进步的新风尚。如黔江区以特色村寨保护工作为载体深入开展民族团结进步创建活动，全区打造民族团结进步示范村（社区）24个，市级民族团结进步模范单位9个，全国民族团结进步创建活动示范单位1个。充分发挥示范点辐射和带动作用，广泛开展文明乡村、和谐村寨、平安大院、五好家庭、十星文明户等群众性精神文明创建活动，增强村民团结、友爱、互助意识，促进民族团结进步，为民族团结进步示范区建设奠定基础。

二、主要的做法

各地在强化规划设计、培育特色产业、完善基础设施、打造民族风情、发展特色文化、促进民族团结等方面深下功夫。注重把传统民居修缮、民族文化传承、生态环境保护有机结合起来，在培育发展生态文化旅游中进行了探索与实践，带动当地群众脱贫致富。把民族特色村镇建设和民族团结进步创建结合起

来，开展多种形式的创建活动，巩固发展了各民族和睦相处、和衷共济、和谐发展的局面，促进了民族团结。下面以重庆市酉阳县为例具体说明我国少数民族特色村寨建设的做法。

(一) 加强组织领导，保障特色村镇建设

重庆市酉阳县高度重视少数民族特色村镇保护与发展工作，成立了区（县）政府主要领导任组长，区（县）委、区（县）政府分管联系领导任副组长，区（县）发改委、民宗委、财政局、城乡建委、国土房管局、扶贫开发办等部门和单位主要负责人为成员的领导小组，统筹协调和推进工作。同时，区（县）委政府多次召开专题会和现场观摩督办会，现场解决建设中的突出困难和问题；采取例会制、矛盾纠纷限时办结制等方式确保工作责任落实到位。建立涉及民族问题的事项优先安排、优先落实、优先解决的工作机制，制定《加强和改进新形势下民族工作的实施意见》，把少数民族特色村镇建设纳入全县重大建设项目强力推进，将少数民族特色村镇保护与发展工作纳入乡镇年度目标进行考核，确保领导机构、工作机制、工作措施"三到位"。

(二) 科学规划设计，合理布局特色村镇

酉阳县按照打造"全域桃花源"思路，突出"一心"（以桃花源为中心）、"两线"（桃源西线：酉阳—龚滩沿线；桃源东线：酉阳—酉水河沿线）布局少数民族特色村镇，将少数民族特色村镇建设与美丽乡村建设、生态文明建设、旅游扶贫开发、传统村落建设有机结合，融合发展。聘请旅游、古建、文化艺术等方面专家，对少数民族特色村镇进行科学规划，确保少数民族特色村镇科学性，保障建设水平和质量，实现原汁原味展示优秀灿烂的民族文化。

(三) 突出民族特色，打造特色精品村镇

酉阳县围绕龚滩古镇是"唐街""爷爷奶奶的家"，酉水河镇河湾山寨是土家文化发祥地、最大土家吊脚楼群，花田乡何家岩贡米文化、农耕文明、360度梯田景观，苍岭镇石泉苗寨苗族文化，楠木乡红庄村最美土家山寨等民族特色，以展示民族文化、保护传统民居、改善基础设施、发展特色产业为重点，打造少数民族特色村镇特色和精品。同时，全面做好特色村镇景观、美化、亮化工程，建设一批集中体现民族特色、地方特色的标志性公共建筑，如寨门、牌坊、凉亭、文化广场、文化长廊等。目前，酉水河镇河湾山寨入选"中国首批少数民族特色村镇""重庆市特色景观旅游名村"；花田乡何家岩村入选"中国美丽休闲乡村"；龚滩古镇入选"中国最美小镇""重庆市历史文化名镇"。

（四）坚持面向市场，培育发展特色产业

坚持面向市场，做大做强特色产业，为带动少数民族村寨稳定脱贫、逐步致富、持续发展提供有力支撑。重庆市黔江区梅江镇民族村晶铢苗绣合作社，现有绣娘27人，带动25户群众每年增收2万元；溪口镇茶园坪玫瑰谷，现已种植工业玫瑰1 000余亩，观赏玫瑰300余亩；雅江镇发展油桐2 100余亩，形成了以油桐为龙头，山羊、生猪、中药材并进的农业产业格局；钟灵镇陈家坝茶叶专业合作社，发展茶叶450余亩，户均7.76亩，年收入约112万元，户均1.9万元。

（五）坚持文化为魂，增强特色村镇吸引

龚滩古镇围绕盐商文化、码头文化，河湾山寨围绕土家文化发祥地，何家岩村围绕农耕文明，石泉苗寨围绕苗族文化，大力挖掘、保护和弘扬少数民族传统文化。目前，全县现有国家级非物质文化遗产保护名录6项、市级非物质文化遗产保护名录10项，收集了300首苗族山歌、25个神话故事，收录上刀山下火海、阳戏、傩戏等民间艺术，传承了土家族摆手舞、阳戏、马马灯、哭嫁、盂兰节放河灯、南溪号子等民族文化遗产。其中，《土家山歌楠木号子》登录央视国际频道；土家民歌啊啦调《薅秧歌》登陆央视音乐频道，并获全国"争奇斗艳——少数民族冠军歌手争霸赛"第七名；河湾山寨在央视《记住乡愁》栏目播出；石泉苗寨在《舌尖上的中国》播出。同时，将楠木号子、啊啦调、土家语等民族文化渗透到各少数民族特色村镇，利用龙舟赛、篝火晚会等活动，组织游客积极参与村民文化互动，充分展示了土家人"会说就会唱歌、会走就会跳舞"的先天禀性，丰富乡村民俗文化氛围。

（六）狠抓民族团结，促进村镇和谐稳定

将民族团结进步创建活动贯穿少数民族特色村镇工作始终，并将民族团结纳入村规民约、文明家庭和文明村民评选标准，深入开展民族团结宣传教育和"乐和之家"评选活动，增强各族群众珍惜和维护民族团结的自觉性。充分利用春节、端午节和其他传统节日，广泛开展少数民族群众联谊活动，组织丰富多彩的文体友谊比赛，促进各族群众交往、交流和交融。近年来，各村镇无一起涉及民族因素的较大纠纷和群体性事件，村镇文明逐步显现，凝聚功能显著增强。

（七）突出特色个性，准确选点实施

如秀山县为了切实做好特色村镇建设各项工作，提高工作人员对特色村镇建设的认知水平，一是及时组织了城乡建委、民宗委、部分乡镇的工作人员对贵州省雷山、湄潭等县的特色村寨建设与发展情况进行了考察。通过已建成的特色村镇实景教学，增强对特色村镇建设与发展的直观认识，推动完善特色村寨评选体系；同时，通过观摩、对比，发掘自身优势、查找自身问题，有效减少了特色村寨选取与建设方面的探索过程和失误。二是严格按照《关于做好少数民族特色村寨保护与发展试点工作的指导意见》基本要求，深入各乡镇进行特色村寨摸底调查工作，初步排定出一批拟选试点对象后，再根据各村寨的民族文化底蕴、资源环境承载能力和地质地理条件，统筹考虑基础设施、产业发展、水源水质条件、生态环境等因素，优选民族物质文化和非物质文化浓厚的村镇作为试点对象。如梅江镇民族村是该县唯一使用苗语交流的村寨；清溪场镇大寨村特色民居规模大，颇有西江苗寨之势，被定位为该县精品特色村寨；海洋乡岩院村青山叠翠、溪流环绕，独特吊脚楼点缀之下别具风韵，于2014年成功入选全国特色村寨名录。三是在特色村镇建设中突出规划引领作用，因地制宜编制保护性发展规划，最大限度地保留、延续了村寨原有建筑群落、结构风貌等关键，做到了"一个村寨、一个规划"。同时，通过"一村一图、一村一样"确保规划落地不走样，让每个特色村寨和特色小镇都能彰显出个性，避免了传统村镇建设的"千篇一律"。如洪安石傩寨突出石材运用，海洋乡岩院村突出土家吊脚楼，雅江镇突出徽派建筑群落。

（八）保护开发，高品质建设民族村寨

如武隆区一是打造民族传统体育运动基地。在石桥芙蓉湖地区重点打造了以"木叶情歌"为主题的木叶文化，建成文化广场、民俗文化长廊、特色景观台等，营造了浓郁的土家风情，引进民族传统体育"独竹漂"项目，加快打造民族传统体育运动基地。二是打造苗家习俗文化观光基地。在天池坝苗寨以苗家习俗接待、苗家美食体验、苗家风情体验、苗家工艺展示、苗家茶叶观光采摘、苗家习俗欢送等为主线，以本土少数民族文化为特色，全方位注入苗家文化元素。

三是打造仡佬文化传承基地。深入挖掘田家寨仡佬文化，将"打篾鸡蛋""竹编""腊染"以及仡佬歌舞等纳入校本课程，常年举办"三幺台""五敬酒""六敬茶"等民族文化活动。

(九) 创新机制，强化民族村寨运营保障

如武隆区一是创新投入机制，打捆高山生态扶贫搬迁、农村危旧房改造、农村人居环境改善、产业扶贫等资金，每个民族村寨基础设施资金按照不少于800万元筹集，对验收合格的民族村寨给予一次性奖补100万元，鼓励社会资金和专业团队以租赁、承包、联营、股份合作等多种形式投资村寨旅游项目的开发和建设。截至目前，3个特色村镇建设总投入7 621万元，在人居环境整治、特色民居改造、特色产业培育等方面有着显著提升。二是创新管理机制。探索建立了村寨资源保护和公益设施保护机制，每个村寨组建了3～5人的管理队伍，对村落的古迹、古墓、古树、古建筑以及非物质文化遗产，公路、水利、文化、体育等设施进行统一的保护。同时，保证原住民继续生活在民居内，保持原有的生产生活习惯不被破坏，挖掘民族村落手工艺传承人，建立保护机制，对村落的特色习俗、节庆等进行活态保护。三是创新经营机制。鼓励村寨居民开展旅游服务，对新增接待床位每张一次性奖补500元，对创建合格的3、4、5星级示范户，分别一次性奖补1万元、2万元、3万元。引导民族乡镇和村组组建合作组织，开展联合经营，实施"公司+农户""公司+协会+农户""村委会+公司+农户""企业+合作社+农户"等经营管理模式，实行统一宣传促销、统一接团分客、统一收费标准、统一结算账目。2017年1—9月，少数民族特色村镇接待游客达50万人次，经营收入达到3 000万元。

小结

少数民族特色村寨建设事关我国小康社会的全面建成，其由来与发展有了近10年时间，国家民委分别于2014年、2017年两批次命名了共计1057个中国少数民族特色村寨，成为促进民族农村地区的重要典范。少数民族特色村寨建设的目标与任务，就是促进村寨保护与发展的协调，村寨传统与现代的融合，村寨政治、经济、社会、文化和生态文明建设"五位一体"的融合发展。但在实践中还存在如保护与发展难以兼顾、传统与现代难以兼容、"五位一体"未能融合等诸多问题。

第四章
我国少数民族特色村寨传统体育文化融合发展的理论搭建

任何一个命题的提出都必须建立在一定的理论逻辑和客观依据上，少数民族特色村寨传统体育文化的融合发展这一命题的提出，必有其成立的理论逻辑和遵循的科学依据。因此，厘清少数民族特色村寨传统体育文化融合发展的科学内涵、精神实质和实践要求，是研究和实践少数民族特色村寨传统体育文化融合发展的关键和前提，以至于才能有效把握少数民族特色村寨传统体育文化融合发展的精髓和实质。

第一节 科学内涵

少数民族特色村寨传统体育文化融合发展的科学内涵，主要是基于少数民族特色村寨和传统体育文化这两者之间所具有的内在联系性、关联性、共生性和共存性而言的。强调在特色村寨建设的全部过程中，传统体育文化既能充分发挥自己的资源优势，有效地促进特色村寨的建设，又能充分借助这种价值的实现，借助特色村寨建设的大趋势和随之出现的若干有利因素，而使传统体育文化自身获得有效的保护、传承与发展。总的来说，少数民族特色村寨传统体育文化融合发展的科学内涵，是基于两者之间所客观存在的内在依存关系而言的。

一、联系性

唯物辩证法强调事物之间的联系性，要求人们在认识事物上要从事物的真实联系出发，从普遍联系的观点来探究、考察和揭示一切问题。同时，联系的观点是马克思主义的基本哲学观，强调事物之间普遍存在着联系性，要求人们必须从联系的思维、观念来认知事物。传统体育文化产生、形成与发展于村寨这个生态系统中，是村寨空间的自然部分，固然与村寨息息相关。再者，从地理环境论而言，传统体育文化与村寨处于同一个地域环境和时空环境中，同样决定了传统体育文化与村寨之间的相互联系、相互作用、相互影响，二者融合为一个联系的逻辑整体。

因此，少数民族特色村寨中的传统体育，自然与村寨处在一个统一体中，相互联系、相互作用、相互交织在一起。而这种联系、作用、交织是一种客观存在和固有属性。少数民族特色村寨与传统体育同处在一个地理、经济、人文环境的制约和影响中，天然地融合、共生在一起，相互协作、相互供给、相互支撑。传统体育等民族传统文化是少数民族特色村寨的宝贵财富和独特优势，而少数民族特色村寨又是传统体育等传统文化产生、发展、传承和延续的原生纽带[1]，是传承传统体育等地方传统文化的有效载体。而传统体育等传统文化，是村寨的文化基因，是支撑、维系村寨发展的重要文脉，传统体育等传统文化与村寨是血与肉、脉与体的关系。因此，无论是保护与发展少数民族特色村寨还是传统体育文化，都必须真实、客观、高度地关注和着眼于这两者间的联系性。若抛开两者之间的联系性而谈融合发展，那必定是不科学甚至是无效、错误的。

二、整体性

整体是由部分组成的，整体通过部分综合反映出来，不了解部分或个体，就不能清晰地分析和认知整体；有一个部分不存在了，整体必然是残缺的。因此唯物辩证法要求人们要用整体性观点和思维来观察事物、认知事物。如果没有整体性观点和视野，就会孤立、片面、静止地看待一个具体事物，就会是"只见树木不见森林"。不言而喻，少数民族特色村寨中的传统体育固然是村寨这个整体中的一部分，要认识、保护与发展村寨，就必须认识、保护与发展传统体育这样的个体。因此，少数民族特色村寨与传统体育的融合，不仅仅是要求二者相互依赖、相互牵制、相互融解、相互交织，而且还要求二者基于各自的优势进行资源互补，扬长避短，把单一的优势变成为一种整体优势，借助他者的优势，强化自己的优势，使自己的劣势转化为优势，共同促进少数民族特色村寨与传统体育的可持续发展。

---

[1] 盘小梅，汪鲸. 边界与纽带：社区、家园遗产与少数民族特色村寨"保护"与"发展"——以广东连南南岗千年瑶寨为例 [J]. 广西民族研究，2017 (2)：111-117.

三、生态性

少数民族特色村寨和传统体育文化都蕴含着丰富的生态性，生态质量是衡量少数民族特色村寨和传统体育文化的重要指标，是少数民族特色村寨和传统体育文化的重要特性，也是少数民族特色村寨建设和传统体育文化保护与发展的重要要求。少数民族特色村寨建设和传统体育文化保护与发展，其中一个重要的前提或要求，就是要保持和维持其生态性。而这里的生态，不仅仅是指环境生态，更为重要的是少数民族特色村寨和传统体育所形成的文化空间生态，强调二者之间共生协调、相互依存、相互依赖、相互贡献。

生态，既是人类生活品味和生命质量的重要内容和最高境界，也是人们美好生活的重要体现和重要保证，强调人与自然、人与社会、人与环境的和谐相处。因此，促进和保持少数民族特色村寨和传统体育文化的生态性，既是少数民族特色村寨建设和传统体育文化保护与发展的客观要求，也是人们基本生存与美好生活的根本要求。传统体育文化与少数民族特色村寨建设融合发展，固然是生态性的相互叠加和映射，传统体育文化与少数民族特色村寨建设相融合发展，其主要目的就是要保持和维系二者固有的生态性。

四、发展性

这是一个根本、重要的目的性问题，传统体育文化融合发展于少数民族特色村寨建设，其根本目的就是促进传统体育文化与少数民族特色村寨的保护、建设与发展，发展是少数民族特色村寨建设和传统体育文化保护的硬道理。这里的发展有两层意思，一是指少数民族特色村寨和传统体育文化二者的各自发展。二是指少数民族特色村寨和传统体育文化二者之间的相互发展，即少数民族特色村寨的建设发展助力传统体育文化的保护与发展，传统体育文化的保护与发展助力少数民族特色村寨的建设发展。或者说，少数民族特色村寨的一个重要内容就是要促进传统体育等传统文化的保护与发展，传统体育文化保护与发展的一个重要目的就是要促进少数民族特色村寨的建设与发展。

这里的发展还指是一种本真性、本质性的协同发展、协调发展。少数民族特色村寨的建设与发展离不开传统体育文化的保护与发展，传统体育文化的保护与发展同样离不开少数民族特色村寨的建设与发展，少数民族特色村寨的建设与发展需要传统体育文化为内容、为手段,而传统体育文化的保护与发展又需要少数民族特色村寨为载体、为环境、为依托、为土壤。也就是说,少数民族特色村寨的建设与发展能够为传统体育文化的保护与发展提供生态环境和依存土壤,是传统体育文化存续发展的重要生态依附和载体,是传统体育文化存续发展的重要空间载体。特别在传统时期,村寨里的传统社会组织的管理功能使村寨传统体育具有习俗性和传承性,村寨里的聚居功能确定了村寨传统体育成为传承文化的向心力,村寨里的祭祀功能承载着村寨传统体育的"文化场"[①]。因此,只有二者的协调发展、协同发展,才能够促进自身的发展。同时,传统体育文化能够为少数民族特色村寨的建设发展着色添彩,能够对少数民族特色村寨的建设与发展给予一种文化性和文化力,赋予村寨独特的民族活力。

第二节 精神实质

民族文化的传承发展是一个民族得以形成、不断繁衍的最为根本的文化依据。一旦某种民族文化消失,即使这个民族的生物学意义上的后代依然存在,甚至物质生活更为富有,但从民族学和文化学意义上来说,这个民族也已经消失了特有的民族性。少数民族特色村寨建设,就是要维护这些少数民族不断繁衍发展、不断繁荣昌盛。所以促进这些少数民族文化传统的不断传承与发展,成为少数民族特色村寨最为重要的目标和路径之一。而传统体育文化不仅是村寨民族传统文化中的重要组成部分,更是其他传统文化活动最为必要、最为常见、最为有效的载体。所以,少数民族传统体育文化的存在与否,传承、运行和发展的状态直接关系到该民族整个文化系统的安危。因而,我们可以认为,少数民族特色村寨传统体育文化融合发展的精神实质,就是突出地看重和强调代表族群精神和灵魂的传统文化在族群发展中的优先地位,通过弘扬和发展传统体育文化而全力追求该民族整个传统文化系统不断的良性传承发展,以保障族群长期的繁荣昌盛,从而卓有成效地促进少数民族村寨文化特色的建设,名副其实地真正实现少数民族特色村寨建设的目标。并在这种建设中,全面推进政治建设、经济建设、社会建设、文化建设和生态文明建设,使少数民族特色村寨建设在维护和促进本民族文化繁荣昌盛的基础上,促进政治、经济、社会和生态文明的协调、融合发展。

---

①张萍,王溯,胡小明.少数民族传统社会组织与发展村寨传统体育的关系——广西南丹白裤瑶"油锅"组织的体育人类学考察[J].体育与科学,2012,33(1):31-34.

第四章　我国少数民族特色村寨传统体育文化融合发展的理论搭建

一、文化自信

无论是少数民族特色村寨建设，还是传统体育文化与少数民族特色村寨建设的融合发展，一个最大的共同点，就是对传统文化的保护与发展。文化自信已经成为一个重要的时代话题，十八大以来，习近平总书记多次强调"坚持不忘初心、继续前进，就要坚持中国特色社会主义道路自信、理论自信、制度自信、文化自信""文化自信，是更基础、更广泛、更深厚的自信""要继承好、发展好自身文化，首先就要保持对自身文化理想、文化价值的高度信心，保持对自身文化生命力、创造力的高度信心""文运同国运相牵，文脉同国脉相连"。在2017年中共中央办公厅、国务院办公厅印发的《关于实施中华优秀传统文化传承发展工程的意见》中也明确指出，"文化是民族的血脉，是人民的精神家园。文化自信是更基本、更深层、更持久的力量。中华文化独一无二的理念、智慧、气度、神韵，增添了中国人民和中华民族内心深处的自信和自豪"。

而今，文化自信已经上升到了国家高度，被写入了党章，特别是习近平总书记在十九大报告中多次强调和要求我们要树立和坚持文化自信，强调要更加自觉地增强和坚定道路自信、理论自信、制度自信、文化自信，特别在谈到坚持社会主义核心价值体系时，习近平总书记强调文化自信是一个国家、一个民族发展中更基本、更深沉、更持久的力量。在强调坚定文化自信，推动社会主义文化繁荣兴盛时，他强调文化是一个国家、一个民族的灵魂。文化兴国运兴，文化强民族强。没有高度的文化自信，没有文化的繁荣兴盛，就没有中华民族伟大复兴。

所谓文化自信，是一个民族、一个国家，以及一个政党对自身文化价值的充分肯定和积极践行，并对其文化的生命力持有的坚定信心。无论是少数民族特色村寨还是传统体育文化，无不是一种民族文化，汇聚和凝聚着千百年来民族居民的情感与智慧，积淀着民族群体最深沉的精神追求，是民族发展的文化血脉和文化软实力，给人以做民族人乃至做中国人最大的骨气和底气。而传统体育文化与少数民族特色村寨建设的融合发展，其实质是在保护与发展我们的传统文化、民族文化，这种融合发展蕴含着人们对自身民族文化的接纳、认同和自信，这种诉求和践行可以说是对我们自身民族传统文化一种极大的自信。同时，传统体育文化与少数民族特色村寨建设的融合发展，首先要求或前提条件就是要充分建立在文化自信、民族自信的基础上。因此，少数民族特色村寨传统体育文化的融合发展所折射或反映出来的一种精神实质，即是一种文化自信。

二、共生共存

少数民族特色村寨传统体育文化的融合发展，无论是从外在表象上看还是从内在联系上看，都体现和呈现了少数民族特色村寨建和传统体育文化二者的共生共存。这里的共生共存可以从以下三个方面予以解读。一是从表层个体上来看，传统体育文化与少数民族特色村寨建设的融合发展，都保证和维持了二者的客观存在，相互融合也自然体现了二者之间的共生，但无论是少数民族特色村寨还是传统体育文化都是人类社会生活中或者说人类发展中必须保护与发展的重要内容。二是从二者之间的内在联系来看，少数民族特色村寨和传统体育文化之间有着紧密的生发内在联系，可以说二者之间的关系犹如舟与水、鱼与水的关系，可谓无水不成舟、无水不成鱼。传统体育文化若没有村寨作为载体和环境，是无法产生、发展和依附的，而村寨没有传统体育文化作为活动内容和文化符号，无疑会缺失一种活力、生气与灵动。三是从二者对人类的需求来看，如前所述，无论是少数民族特色村寨还是传统体育文化，都是我国民族文化的深厚积淀，是民族发展、地方文明的文化基因，是维系和促进民族发展、地方文明的重要文化力、情感力和凝聚力，是人类繁衍生息、文明进步、依存发展的重要空间、载体和符号。无论是传统体育文化的产生，还是特定村寨的自然形成，都是人类社会发展的一种必然，都有它留存发展的客观性、自然性和当然性，可以说这既是事物发展的一种客观规律，也是人类社会自然发展的一种必然选择。

因此，传统体育文化与少数民族特色村寨建设的融合发展，体现和要求的不仅是二者之间的共生共存，还体现和要求与人类发展的共生共存。这种共生共存不仅表现为一种表面上的相互存在和映射，更为生动地体现为一种内在的交融贯通和交织融合。

三、互赢发展

少数民族特色村寨传统体育文化的融合发展，表现的根本主题就是发展，并且是一个双赢式的发展，即既要促进少数民族特色村寨的建设，又要促进传统体育文化的保护与发展。同时，传统体育文化与少数民族特色村寨相互给力、相互贡献、相互受益，最终实现二者的互赢发展。实际上，从少数民族特色村寨传统体育文化的融合发展研究这一命题本身而言，其初衷就是要实现促进传统体育文化与少数民族特色村寨的保护、建设与发展,即如何保护与发展传统体育文化,如何建设与发展少数民族特色村寨。同时,如何通过传统体育文化的资源性开发来促进少数民族特色村寨建设,如何在少数民族特色村寨保护与发展好传统体育文化,有机融合二者的相互贡献力、作用力。但本研究的主题还是聚焦在少数民族特色村寨建设上,以少数民族特色村寨建设为根本靶向,以传统体育文化的融合发展为供给手段、供给方式和供给内容,进而促进少数民族特色村寨建设和传统体育文化保护的双赢发展。

第三节 实践要求

首先,少数民族特色村寨的"特色",主要表现为"文化特色",即这些村寨中居住的少数民族群众在居住形式、建筑风格、乡村布局、环境构建、生产活动、生活活动、信仰习惯、习俗风情等方面表现出的特有的思维方式和行为方式。这种特色,是居住在这些村落中的少数民族的精神和灵魂,是这些少数民族得以形成一个独特民族最为根本的文化基因,因此必须强调对少数民族村寨传统文化的保护、传承和发展。而少数民族传统体育文化,不仅是少数民族传统文化中必不可少的重要内容,而且与其他传统文化活动交织共生、互为促进。因此要高度重视受本民族大众喜闻乐见、乐于参与的传统体育活动的全力复兴和广泛开展,以此为融合发展的切入点,使传统体育成为促进村寨特色建设的宝贵资源。

其次,各少数民族传统体育不仅是一种独具特色的文化形态,更是各少数民族一种重要的、传统的生活方式,因而这种传统体育文化的复兴、传承和发展,最为重要的方式不仅是以为游客表演、参加相关比赛或文艺会演等向外展示,而是还要在该村寨少数民族大众的生活实践中更为广泛地内向型开展。只有在这两种内、外向型综合开展中,这些传统体育文化才可能更好解决继承传统与不断创新融合发展的问题,才能真正建设起该村落独特的文化特色和社会价值,也才能更为充分地发挥传统体育养育本民族大众的功能与价值。

最后,在这些传统体育所面临的继承传统与不断创新的矛盾中,只有让本村寨的少数民族大众自行决定如何继承传统、继承哪些传统、如何创新等问题,才能更好地解决继承传统与不断创新的问题,而不是交由上级政府、外来专家,或者是根本不了解这些传统体育文化的外来人抉择。

一、遵循文化本色

一是要遵循文化历史，即尊重少数民族特色村寨和传统体育文化产生与发展的历史事实，有就是有，无就是无，有什么就说什么，有多少就谈多少，是怎么来的就说是怎么来的，不要轻易或盲目地否定、歪曲、篡改甚至是伪造。少数民族特色村寨和传统体育文化本身就是一种文化，特别是少数民族特色村寨是一个民族文化的集合体，凝聚和浓缩了这个村寨里千百年来人们所自然形成、积淀和遗存的生存情感、智慧与精神，也形成了相对固定的文化范式和文化类型，也注定了这个民族村寨所应该具有的某种或某些文化范式和文化类型，以及这种村寨文化所自然适应的某种或某些村寨空间与环境。所以，如果为了建设发展好少数民族特色村寨而轻易或盲目地否定、歪曲甚至是伪造、篡改传统文化，这些传统文化是会因不适应村寨空间与环境而自然消亡的，当地居民在民族情感上也是不可接受和认同的。

二是要遵循传统文化。传统体育文化固然是一种传统文化，少数民族特色村寨蕴藏着丰富的传统文化元素，其本身也是一种传统文化。时至今天，人们保护传承传统体育文化和建设少数民族特色村寨的实质，就是保护、传承与发展传统文化，同时这其中一个最根本或最基本的要求或原则，就是必须得保护与发展好传统体育文化和少数民族特色村寨的传统性，当然这只是从文化的表现性而论的。

三是要遵循传统文化的内在发展传统逻辑。无论是传统体育文化还是少数民族特色村寨，在其自身的发展过程中必然有其自身的传统发展逻辑，比如民族人口、民族信仰、民族习惯、民族心理、民居环境等，这些都是传统体育文化和少数民族特色村寨生发的根源、土壤、环境和载体。因此要求少数民族特色村寨传统体育文化的融合发展，必须遵循和遵从以上这些要素特性，在固本培元中厚植传统根基，只有做到人们心中有根，才能够不忘初心，才能够坚守文化根基和树立文化自信。

二、尊重民族情感

加强少数民族特色村寨建设与传统体育文化的融合发展，其最终目的是为了民族居民能够美好地生存生活，让民族情感得以应有的激发、满足和自信。或者说，少数民族特色村寨传统体育文化的融合发展，只有当地民族居民在情感上满足了、认可了、认同了、接受了，才能够说是科学的、有效的，才能够真正激发和调动当地民族居民的主动意识和参与热情，才能够真正形成为一种源动力。因此，少数民族特色村寨传统体育文化的融合发展，必须以尊重民族情感为最大原则、最大基础。要尊重民族意愿和民族情怀，一切内容与手段坚持从民族历史中来、从民族情感中去，走进与达成民族真实历史和真实情感。要通过详细地探究民族文化、讲好民族故事、道清民族历史、列出文化清单，让当地民族居民在真正认知、了解自己民族文化的基础上，表达出自己的愿望和情感，形成少数民族特色村寨传统体育文化融合发展的重要依据。特别在对待那些特殊地域、特殊群体里的传统体育文化，在坚持相关政策与法规的前提下，尊重民族居民千百年来形成和传承下来的传统特殊习惯、特殊信仰和特殊情感，容许他们的民俗式、习惯式表达。特别是作为政府管理主体以及族外人不要站在自己的角度来任意地规范、批判、指使本应该由本村寨民族居民自己所决定的传统体育文化活动。

三、突出实际效应

少数民族特色村寨传统体育文化的融合发展，其核心讲求的是一个实际效应问题，即传统体育文化的融合发展在少数民族特色村寨所发挥的实际效应。这里的实际效应涉及两个方面：一是少数民族特色村寨实际所需要的效应内容或要求，而本研究是在"五位一体"总体布局的背景下来研究少数民族特色村寨传统体育文化的融合发展问题的，因此，必须实事求是地弄清楚少数民族特色村寨在政治、经济、社会、文化和生态文明建设这"五位一体"上，以及在保护与发展的协调、传统与现代的兼容上，还存在着哪些问题，或者说不足，这是一个很重要的靶向问题。二是传统体育文化所能够发挥或贡献的实际效用。本是从供给侧改革思维来研究传统体育文化在少数民族特色村寨的融合发展问题。因此，必须得实事求是地搞清楚传统体育文化在少数民族特色村寨的融合发展，到底能够发挥怎样或多大的作用与效应，以及存在着一个怎样的供给主体、供给内容、供给渠道、供给方式、供给机制、供给效应等，这是一个事关目的性与方法性问题。因此，我们绝不能够夸大其词、无限放大、无理吹捧，但又不能蜻蜓点水、轻描淡写、粗枝大叶，而是要实事求是、恰如其分地揭示和阐释问题事实和实际效应。

四、坚持历时审视

所谓历时审视，就是要审视过去、立足当下和展望未来。少数民族特色村寨传统体育文化的融合发展机制研究必须坚持从实践中来、到实践中去的思维和路线，要从历史与过去的实践中找问题、找经验，建立问题导向，形成经验总结，以史为鉴。自1949年以来，党和国家及地方政府都高度关注农村地区经济社会与文化的发展，在大力促进乡村发展的过程中，特别在民族地区也强化了加强民族传统文化的保护与发展。实践证明，少数民族特色村寨的发展离不开民族传统文化的作用与贡献，民族传统体育等传统文化在少数民族特色村寨的建设发展中起着不可或缺的作用，发挥着不可替代的重要效应。同理，少数民族特色村寨的建设与发展也为传统体育等民族传统文化的保护、发展与传承提供与保证了必要的载体、环境和空间。特别是通过几十年来的不断实践与探索，少数民族特色村寨传统体育文化的融合发展虽然还存在一些问题，但可以肯定的是，也形成了一些值得继续实施的成功经验和好的方案，不管是问题还是经验方案，都需要我们对其进行详细的梳理，形成系列问题清单和经验方案，找准问题根源和成功之道，并上升为一种理论与方法体系，为后续研究提供科学依据，使后续研究和实践有科学的针对性。

当然，科学研究就是要立足当下，少数民族特色村寨传统体育文化的融合发展研究，必须注重其现实性。就命题本身而言，特别是十九大提出乡村振兴战略，如何又快又好地建设好、发展好少数民族特色村寨，符合党和国家对乡村振兴战略实施的需求，符合人们对更加美好生活的向往。同时，将传统体育文化融合发展于少数民族特色村寨，在很大程度上必然会促进传统体育文化的保护与发展，这也正是党和国家很久以来保护与传承我国优秀传统文化、树立文化自信的重要内容和鲜活体现。总体而言，少数民族特色村寨传统体育文化的融合发展研究这一命题，是符合当前党和国家所需要的，是一个实实在在的当下命题。因此，需要立足当下少数民族特色村寨建设和传统体育文化保护与发展的现实状况而展开研究，要根据少数民族特色村寨建设和传统体育文化保护与发展中所具有的现实基础和环境，以及所呈现的现实境况，包括人力、物力、财力、政策等，提出当下切实可行的方法与措施，让方法与措施能够落到实处，具有可操作性和可行性，避免空谈。

另外，要着眼长远。可持续发展是本研究的重要理论指导，可持续发展就是要求事物的发展要有长远性、未来性和永续性。因此，少数民族特色村寨传统体育文化的融合发展要可持续，要着眼于长远，要从长计议。这里的着眼长远，一是指少数民族特色村寨传统体育文化的融合发展要长期保持、长期坚持。少数民族特色村寨建设固然是一项长期工程，因此也要将传统体育文化作为参与和支持少数民族特色村寨建设的永续资源，当然也要将少数民族特色村寨作为传统体育文化永续发展的环境载体。二是指在融合发展的手段方法中，要有保护意识、生态意识，不要为了满足当下需求而一味地进行所谓的创新发展而破坏传统体育文化的生态性、本真性，造成传统体育文化失去本真性、传统性、原生性，传统体育文化也因此而变得似古非古，甚至是名存实亡。三是指要看到少数民族特色村寨在将来建设与发展中的需求性，要着眼于少数民族特色村寨未来政治建设、经济建设、社会建设、文化建设和生态文明建设蓝图，审视其发展趋势和发展需求，与之相应的就是要着眼于传统体育文化的未来供给性，要审视少数民族特色村寨建设需要传统体育文化供给什么，传统体育文化又能够供给什么、怎么供给等，都要做一个科学的审视、预判、描绘和勾勒。

五、坚持适应创新

少数民族特色村寨和传统体育文化是现代中的传统，也即是说，少数民族特色村寨和传统体育文化既有现代性又有传统性，特别在现代性中如何保护、维持好他们的传统性，这本身就是一个非常重要、很有难度的现实性课题。但不管是二者的传统性也好还是现代性也罢，都必须体现出发展性，必须与人类社会的发展相适应。这种所谓的适应、发展就必须要求创新，并且必须是兼具现代性与传统性的融合式创新。少数民族特色村寨传统体育文化的融合发展，不可能总是或完全停留在历史或传统遗迹上，不可能总是或完全按照历史或传统印迹来保持，更不可能从现实中拉回到历史或传统的某个节点或态势上，而是要顺应人类社会的发展以及人们的现实心理与情感需求而适应性地发展。

在发展过程中，一些传统的核心要素、核心特质是不能丢掉的、不能抹去的、不能漠视的，更是不能轻易或盲目否定的，要保持和留守住少数民族特色村寨和传统体育文化的传统精华，突出其传统性，特别是传统生态质性。当然，这里主要讲的是传统体育文化在融合发展过程中，要留住传统体育文化的"根"和"魂"，要保持好传统体育文化的传统性，不要一味地为了迎合现代人的需求或为了少数民族特色村寨建设而不顾其传统性进而无原则地进行改编、改造。当然，传统体育文化要能够更好地融合发展于少数民族特色村寨建设，需要对其进行更为深入、更为全面、更为现实的解读，这种解读是建立在遵从历史事实、文化本色的基础之上的，这些被解读、挖掘出来的内容和东西是原本就存在的，只是随着人类社会的进步文明和科学技术的日益发展，这些内容和东西在这个时代里表现得更为突出和现实需求性，以及随着人们科学技术手段的进步和人类认知的先进，这些东西和内容才被当下人所解读和挖掘出来。

因此，本书强调的适应创新，是遵从历史与现实、传统与现代的兼容式发展。既要求和体现了传统体育文化在现实发展与适应中对传统的保持与遵从，又要求和体现了传统体育文化在保持与遵从传统中对现实的发展与适应，使传统体育文化在融合于少数民族特色村寨建设中与当代文化相适应、与现代社会相协调，在适应创新中守"根"留"魂"。

六、着力供给侧改革

少数民族特色村寨传统体育文化融合发展的核心竞争力是传统体育文化的供给质量和供给效应。因此，供给侧改革思维是本研究遵从的主题核心思想。少数民族特色村寨传统体育文化的融合发展必须强调和要求传统体育文化的主动作为、主动贡献、主动发力和主动融入，并且从供给侧改革着眼和发力，转变传统体育文化融合发展方式，以此来强化和提升传统体育文化在促进少数民族特色村寨建设与发展上的质量与效应。通过供给端要素的改革与优化，筑牢供给侧根基、丰富供给侧内涵、提升供给侧功能，促进和实现传统体育文化融合发展的提质增效，防止传统体育文化融合发展的浅表化、庸俗化、低效化、乏味化。只有筑牢供给侧根基，才能够保证传统体育文化融合发展的持续性、根本性；只有丰富供给侧内涵，才能够保证传统体育文化融合发展的多向性、内生性；只有提升供给侧功能，才能够保证传统体育文化融合发展的效益性、贡献性。

小结

少数民族特色村寨传统体育文化的融合发展需要一定的理论指导，需要搭建科学的理论体系和理论基础。总体而言，少数民族特色村寨传统体育文化的融合发展，首先，需要搞清楚其科学内涵，即少数民族特色村寨与传统体育文化的联系性、整体性、生态性与发展性；其次，需要搞清楚少数民族特色村寨传统体育文化的融合发展的精神实质，主要体现在文化自信，以及二者的共生共存、互赢发展等；最后，要搞清楚和搭建起少数民族特色村寨传统体育文化融合发展的实践要求，主要是要遵循文化本色、尊重民族情感、突出实际效应、坚持历史审视、坚持适应创新和着力于供给侧改革。以上这些内容和要求，构成了少数民族特色村寨传统体育文化融合发展研究乃至实践基本的理论框架和理论基础。

第五章
我国少数民族特色村寨传统体育文化融合发展的功能测度

所谓功能测度,是指传统体育文化的融合发展在促进村寨政治建设、经济建设、社会建设、文化建设、生态文明建设即"五位一体"总体布局充分协同,以及保护与发展充分协调,传统与现代充分融合上的功能、价值和作用上的分析、审视和阐释。

第一节 "五位一体"总体布局的协同

一、政治建设

传统体育文化的融合发展能够为少数民族特色村寨建设树立良好的社会风尚,发挥独特的政治功能。少数民族特色村寨传统体育文化融合发展的政治建设,就是通过传统体育文化的融合发展,树立和展示政府形象,增强政府对人们的领导力和凝聚力。通过传统体育文化活动的广泛开展,让人们感受到在中国共产党领导下的光荣感、自豪感、幸福感、获得感,感受到各级政府务实高效、精诚合作、为民惠民、清正廉洁的干事作风和工作态度;感受到各级政府"权为民所用、情为民所系、利为民所谋"的执政观,增强党和国家活力,调动人民积极性。通过传统体育文化融合发展的各环节工作机制,推进有关领导、部门、系统之间的交流合作,构建开放、友谊、合作的政治局面,充分展现坚持党的领导、依法治国的政治态度并形成良好的政治生态。

在国家民委印发《少数民族特色村寨保护与发展规划纲要(2011—2015年)》(以下简称《纲要》)中,也明确指出了政治建设的目标和任务——民族关系更加和谐。《纲要》指出,开展民族团结进步创建活动,构建和谐的民族关

第五章 我国少数民族特色村寨传统体育文化融合发展的功能测度

系,是推动少数民族特色村寨可持续发展的重要举措,要求把民族团结的内容纳入村规民约、文明家庭和文明村民评选标准,增强各族群众珍惜和维护民族团结的自觉性。以民族团结进步示范创建为载体的活动形式不断深入,充分利用少数民族传统节日开展创建活动,采取文艺演出、体育竞技等多种形式,促进各民族交流、了解和团结,把民族团结进步创建活动引向深入。而传统体育文化的融合发展,正好可以为少数民族特色村寨的民族团结创建活动提供载体、内容和形式,可以将村寨里不同年龄、不同民族、不同性别,甚至外来居民、外来游客等聚合在一起手舞足蹈、竞相娱乐,促进各类人群友好、欢快地交流和团结在一起。在很多少数民族特色村寨,传统体育活动以不同舞蹈风格的形式、引人入胜的魅力、纯朴的民族风格、简单易行的特点使民族成员聚集在一起,成为村寨节日中的重要内容。如摆手舞、铃铛舞、迁徙舞、踩花山、独竹漂、斗牛等项目,多是以村寨或族群为单位组织参赛,经常组织和参加这些民族传统体育活动,既能融洽邻里关系,又能改善各个族群内个体的关系,为族群内部交往提供良好平台,增进族群成员的了解,从而使各族人民和谐相处,促进各族群团结。

随着少数民族特色村寨的社会转型,必然会出现各种利益、主张、文化等不断激荡,乃至各种各样的矛盾,而民族体育通过其特殊的消解机制可以促进社会心理的稳定及个体的社会化,从而有助于社会的稳定和团结。这是因为民族传统体育活动中的交往由于其独特的情感作用,对社会心理的调节具有重要作用。同时,每个传统体育项目都有其明确的运行规则,有利于培养人的规则精神,是每个参与者都必须公平遵从的,而这种规则遵从又极易在日常生活中形成民族生活秩序,形成守规矩的社会成员。

特别是很多传统体育项目本身具有比较严谨、丰富的"习惯法"。如苗族、侗族传统体育规则具有"法"的强制性和约束力,在侗族斗牛规则中,就对参与资格、举办者、买牛和养牛、活动时间、对决规则、观众观赛行为、奖惩等都作了明确的规定和限制。如牵牛进牛场的人,一般选本寨里身体和品行好、家无孕妇的青壮年男子来担任,决不允许有偷摸扒窃、好吃懒做行为的人来负责。不难发现,这些规范或禁忌,具有"法"的特征和效力,对人们的行为有极大的强制性和约束力[1]。同时,村寨里民族传统体育活动的自由开展,有利于加强村民们的民族或宗族认同感、团结感和凝聚感,满足村民互助合作、共同防御的生

---

[1] 刘礼国,徐烨. 黔东南苗族、侗族传统体育习惯法研究 [J]. 中国体育科技,2011,47(4):134-140.

存需要①，在对维护地区稳定，形成良好的政治力和政治局面具有重要而特殊的贡献和作用。

二、经济建设

传统文化是村寨经济发展的基础，传统体育文化的融合发展可以为少数民族特色村寨建设提供经济开发资源，为村寨建设提供经济功能。特别在那些传统体育文化特别丰富而又保护与发展得好的村寨，传统体育文化还能够刺激和引发村寨经济结构的改变。比如在很多少数民族特色村寨，由于通过对传统体育文化活动的挖掘、整理与开发，完全成为了村寨的招牌和特色，这不仅改变了村寨传统的农耕经济，发展为旅游经济，甚至吸引外出务工的人回流创业、回流就业，促进村寨"务工经济"向现代旅游经济的发展与转变。同时，带动相关住宿、餐饮、交通、旅游、土特产品销售等收入，促进村寨多元化经济的产生与发展。

比如重庆酉阳河湾村国家级少数民族特色村寨，摆手舞成为河湾村农家乐的特色表演项目，每年有成千上万的游客慕名而来，促进了当地旅游经济的发展。据河湾村村长介绍，平均每年整个河湾村因摆手舞吸引来的游客和研究者、参观者等30余万人次，全年毛收入达300余万元，解决就业100余人。另从酉阳自治县旅游局获悉，河湾山寨2010年全年共接待中外游客20万余人次，年收入高达2 500多万元，人均纯收入3 394元，超过全县平均水平10%。2012年仅国庆中秋"双节"期间，河湾山寨就接待游客1.16万人次，实现旅游收入466.3万元。2016年在河湾举行的渝湘鄂边地区龙舟赛，吸引了4万余人前来观看；2017年底前山寨游客已达全年40万人（次），大大增加了村寨的经济收入②。

三、社会建设

《纲要》明确提出了少数民族特色村寨的发展目标，如人居环境明显改善，试点村寨的水、电、路、通信等基础设施基本完善，环境综合治理机制基本建立；村寨基本公共服务体系进一步完善等。而传统体育文化的融合发展可以通过活动形式促进人们的交流交往，促进人际关系的和谐。同时，可以让人们舒缓工

---

①万义.村落少数民族传统体育发展的文化生态学研究——"土家族第一村"双凤村的田野调查报告［J］.体育科学，2011，31（9）：41-50.
②张世威.基于文化空间理论的体育非物质文化遗产保护研究［D］.北京：北京体育大学，2014.

第五章 我国少数民族特色村寨传统体育文化融合发展的功能测度

作压力,释放生活不愉,营造和谐欢快的生活氛围,营造良好的社会环境,促进社会和谐。另外,传统体育文化的融合发展,可以催生民间团体、社会组织的产生、组织与参与,倒逼村寨环境、基础设施、文化等的建设与发展,促进少数民族特色村寨整体环境的向好、文明程度的提升。

少数民族传统体育文化对村寨居民具有独特而良好的社会教化作用,促进村寨居民的社会化发展。有研究表明,传统体育文化"是村寨人社会化进程中重要的社会形式;是村寨人逐步适应社会的主要手段;是村寨人获得社会技能的主要载体;是村寨人个性形成的塑造者;是实现村寨文化认同,内化价值观念的有效途径"[1]。特别在少数民族特色村寨,由于经济上的落后,即使是同一民族中的不同个体之间,生产、经济、文化活动交往也甚少,因此在漫长的历史进程中,民族传统体育成为加强本民族内不同个体之间人际交往的主要方式和主要载体,是个人实现社会化的重要方式。就是在这些活动参与过程中,村寨居民在社会学意义上认识了自己、他人、整个民族,认识了自己在本民族中的责任与义务,学会了如何与他人相处,在完成从一个自然人向社会人的真正转变的同时,获得了与人交流的满足[2]。人的社会化是社会发展的基础与核心,是社会发展的充分体现。只有个体的人和集体、族群社会化程度越高,社会发展的总体水平也才会越高。

传统体育文化作为民族文化的重要组成部分,它一旦形成并为本民族大多数成员所认同、所信奉,就会成为该民族的重要文化象征。它是一种无形的力量渗透到民族成员的心理、观念之中,成为行动的指南。这种深入人心的传统体育文化正是中华民族文化价值体系的基本内涵,在建设民族地区和谐社会中体现了一种无形的指引作用[3]。

传统体育文化还是村寨建设与发展的精神动力。传统体育文化有其独特的感召力,特别是通过少数民族体育运动会这个载体,可以增强民族凝聚力,从而促进各民族团结统一、共同繁荣发展。同时,民族传统体育的展现方式影响着民族成员的精神生活,通过民族传统体育运动会、宗教仪式、民族节庆活动、表演活动、自觉活动等方式传达着对成员的教化与道德约制。通过不同形式的民族传统

---

[1] 李品林. 鄂西土家族舍米湖村摆手舞的田野调查 [D]. 南昌:江西师范大学,2012.
[2] 冯胜刚. 我国少数民族传统体育的价值研究 [J]. 贵州民族研究,2003(3):165-170.
[3] 韦晓康,赵志忠,胡悦. 民族体育·文化力·和谐社会——云南景谷、广西三江体育人类学田野实证调研 [M]. 北京:中央民族大学出版社,2012.

体育活动形式释放负面情绪，进而净化心灵，可以使成员参与到培养民族意识、民族情感、民族性格、民族心理等品质的传统体育活动中来，钝化或者消解这种不稳定、不和谐的因素。如苗族的接舞龙、土家族的摆手舞、彝族的踩花山、侗族的"抢花炮"等活动多是以村寨或族群为单位参加的，对培养民族精神起到了非常重要而又特别的作用[1]。

总体来说，传统体育文化作为一种群体性的聚会方式，使人们在一定规则和体育道德的规范约束下拓宽了民族内部及族际间相互交往的渠道。民族传统体育运动本身也是一种社会交流的重要活动，它可以消除各民族之间因地理环境、生活方式、传统文化带来的隔阂，为各族群众提供文化交往和良好环境。通过体育活动，有助于改善民族关系。人们往往在欢乐互动中彼此交流技艺、思想和情感，还为陌生人和朋友之间的相互认识铺路搭桥，进而传达民族情感，提升民族向心力、凝聚力，扩大社会交往空间，突破社会交流边界，建立良好社会关系。

四、文化建设

《纲要》明确指出，文化建设的目标和任务是实现民族文化得到有效保护，民族文化有效传承，动静结合的民族文化保护模式基本形成，民族文化保护的体制机制基本建立，经常开展民族文化活动。强调民族的本质特点是文化，保护民族特色村寨的乡土文化，就是保护民族文化的活水之源。继续实施文化惠民工程，完善特色村寨的公共文化设施，重点加强集中体现民族特色、地方特色的标志性公共建筑，如寨门、戏台、鼓楼、风雨桥、凉亭、民俗馆、文化广场、文化长廊等的建设，为各族群众提供充足的公共文化活动空间。积极做好民间文化遗产的普查、搜集、整理、出版和研究，并归类建档、妥善保存。重点抓好民族文化的静态保护、活态传承，鼓励、引导村民将民族语言、歌舞、生产技术和工艺、节日庆典、婚丧习俗融入日常生活，活态展示民风、民俗，传承民族记忆，着力加强对民族文化的抢救与保护。重视发现、培养乡土文化能人、民族民间文化传承人，特别是国家级和省级非物质文化遗产代表性传承人，鼓励民族文化进校园、进课堂，鼓励少数民族文化工作者和社会各界人士参与村寨文化建设和群众文化活动。积极推动民族文化产品开发，通过市场推动文化传承。发挥传统乡规民约在传承民族文化中的作用，提高村民的文化保护自觉性，加强民族文化的

---

[1]刘学谦，群体凝聚力理论研究与运用[M].北京：红旗出版社，2008.

传承与发展。积极搭建群众性文化活动平台，鼓励村民开展对歌、跳民族舞蹈、举办节日庆典等文化活动，丰富群众业余文化生活，增强乡村民族旅游的文化特色和吸引力，支持群众创办具有当地特色的文化团体、表演队伍，精心培育根植群众、服务群众的民族文化活动载体和文化样式。

传统体育文化本身属于村寨文化的范畴，因此加强和促进传统体育文化与少数民族特色村寨建设的融合发展，本身就是少数民族特色村寨文化建设的重要内容和重要体现。同时，通过传统体育文化的融合发展，可以积极彰显和渲染村寨的传统文化氛围，丰富和提升少数民族特色村寨的传统文化韵味，带动和影响其他传统文化的复苏与活态，激发人们对传统文化的需求，建构村寨积极、健康的文化生态，引领村寨文化风尚。

事实上，少数民族传统体育与少数民族特色村寨建设的融合发展，在很大程度上要求传统体育与村寨传统文化的融合发展。这种融合发展其本身就是对村寨传统文化的保护与发展，而更为凸显的是提升了传统体育的文化性，这是因为村寨传统文化为传统体育文化的融合发展提供资源性载体，彰显传统体育的内涵性特质、原真性特质、生态性特质、本土性特质[①]。

五、生态文明建设

党的十八大指出，生态文明建设是关系人民福祉、关乎民族未来的长远大计，是人类命运共同体的物质基础，贯穿于政治、经济、社会、文化建设全过程中，是实现中华民族可持续性发展的基本国策。生态文明建设是如何处理人、自然、社会三者关系的问题。人是生态文明建设的主体，自然为客体，人、自然、社会和谐共生是最终目标。人与自然关系是人类生存与发展的基本关系，人与自然关系反映的是人类文明与自然演化的相互作用，人类的生存发展依赖于自然，同时也影响着自然的结构、功能与演化过程，人与自然的关系可以说是真正意义上的共生关系。

传统体育文化遗传着人对自然的尊重和崇敬的基因，追随人要融入自然、亲近自然、爱护自然的文化价值诉求。例如，在武陵山区土家族流传广泛的、具有代表性的民族传统体育项目——摆手舞就自然而然带有山区痕迹。摆手舞的屈膝、颤动、多侧身、顺拐、重心向下、一屈一颤等基本姿态特点，与土家族人民

---

① 张世威. 乌江流域民族传统体育文化通融性考论[M]. 北京：中国社会科学出版社，2018.

的生存发展、生产生活等息息相关，呈现出的是土家族人民求生存、适应自然、征服自然的愿望和能力。

基于少数民族特色村寨传统体育文化的融合发展而言，传统体育文化带给人们的是一种品质、一种美德，可以塑造和反映出村寨的精神风貌和文明礼尚。同时，传统体育文化蕴含着对自然环境的和谐依恋，很多传统体育项目与村寨里的山、水、石、木等具有丰富的故事传说和生发情节。如摆手舞中的围山打猎、朝山拜树等，反映出传统体育文化与自然生态环境的依附。诚然，少数民族特色村寨传统体育文化的融合发展，必然少不了传统体育文化与村寨里的山、水、石、木等的故事传说，这种传说、故事和动作演绎自然促进了传统体育文化与村寨的融合发展，也自然会要求人们保护村寨里的如山、水、石、木等自然物，促进少数民族特色村寨自然环境的保护。另外，有的村寨，人们需要在村寨里的草坝、山上举行传统体育文化活动，将村寨的生态文化演绎得淋漓尽致。同时，传统体育文化本身就是村寨生态系统的重要组成部分，同时还是一项重要的活力元素，传统体育文化的活态演绎，赋予和彰显了村寨的生态性、传统性和文明性。

第二节　保护与发展的协调

保护与发展，始终是少数民族村寨建设面对的问题。没有对传统的保护只剩下发展，不仅是粗暴地割断了历史，而且也必然使发展失去了宝贵的前提和基础。而只有保护没有发展，也难以与时俱进而繁荣昌盛。针对当下少数民族特色村寨建设的具体实际，由于国家在全国范围内实施2020年前全面、整体脱贫的国家战略，绝大多数少数民族村寨都在各级政府和社会力量的强有力领导和扶持下，进入了前所未有的发展进程。各种有利于发展的因素涌入少数民族村寨，使少数民族村寨进入了发展的快车道。在这种发展态势下来考虑保护与发展关系问题时，应更多地注意保护问题，尽力防止在快速发展的进程中丢失优秀传统。

各少数民族的传统体育无一例外，都是各少数民族在自己漫长的历史发展中，在本民族诸多传统文化的深刻影响下，结合本民族生存的具体自然环境和社会、经济发展水平而逐步创造和发展起来的一类文化活动。因而，在这些少数民族传统体育中，充满着本民族先民对世界的认识和理解，充满着先民们的生活态度和智慧、信仰和情感，浸透了本民族文化的丰富营养，携带了大量的本民族传统文化的信息。所以，只要这些传统体育还在本民族大众生活中存在与开展，其蕴含的各种传统文化便能以"活态化"的方式存在并传承。尤其是当这些传统体育与其他传统文化活动相伴而行时，还有利于本民族多种传统文化的保护与传承。这一事实和特征表明：少数民族传统体育在中国少数民族特色村寨如果得以开展，则不仅传统体育自身会得以传承发展，而且必然促进多种传统文化的保护与传承。

刘（访谈对象）认为，其实保护与发展并不矛盾，它们应该是一对相得益彰的"孪生兄弟"。河湾特色村寨建设就是个很好的案例。人们借助"库区淹没""移民搬迁"的机遇，对这座有近六百年的土家山寨坚持"就近、后靠、保护、发展"的原则，在保护原有的土家建筑格调、功能的同时，融入生态、环保的现代人居理念。现在在这个寨子中看见的每户的独立卫生间，公厕，污水处理池，禽畜养殖区，河滨科普宣教长廊等，无一不是体现传统与现代的融合，保护与发展并举的有益实践。

第三节 传统与现代的融合

传统文化与现代性的所有冲突中，传统体育与现代性的冲突虽然也较为尖锐，但相比较而言，在体育领域中的冲突更为容易协调。因为传统体育与现代体育都是人们所享受的生活方式之一，其要旨之一就是让参与其中的人真正享受到身心的快乐，而所采用的手段与方式，都主要是为这一目标更好实现服务的。只要在最终目标上不发生偏移，体育活动往往在实现目标的手段选择上，就具有了较大的包容度。这种包容度为传统体育在发展过程中，适度地、科学合理地引入某些现代元素，进行适度的现代化改造，提供了可能。只要这种改造后的传统体育项目依然较好地保留了传统体育中至今仍然具有重要意义的传统，只是在运行方式或场地、器材、技术、规则等方面发生一定程度的现代化嬗变，那么即使是在各种节庆活动、民俗活动和本民族大聚会中开展这些发生了一定程度创新和改造的传统体育活动，参与其中的少数民族群众大多仍然会易于接受和包容，甚至可能更喜欢。所以，我们认为在体育领域中，只要还较好地关注了传统的保护，相比其他文化样式而言是较为容易地进行传统与现代相融合发展的。甚至某些传统与现代融合较好的传统体育项目的运行，不仅让村民更为喜欢、更乐于参与，还可能提示村民，传统与现代的合理融合是事物发展的一条有效路径，将有可能促进村民们在其他文化样式的传统与现代的融合中，持既强调保护传统又不拒绝与现代融合的正确态度。而正是人们这种态度，才会促进村寨建设与发展过程中传统与现代的融合。

小结

少数民族特色村寨传统体育文化的融合发展，在其功能、价值与作用上是多维的、凸显的。基于本研究而言，在促进和助推村寨政治建设、经济建设、社会建设、文化建设和生态文明建设即"五位一体"总体布局充分协同，以及村寨保护与发展充分协调、传统与现代充分融合上具有非常重要的功能、价值与作用。特别是中共中央国务院印发的《乡村振兴战略规划（2018—2022年）》指出，实施乡村振兴战略是建设现代化经济体系的重要基础，是建设美丽中国的关键举措，是传承中华优秀传统文化的有效途径，是健全现代社会治理格局的固本之策，是实现全体人民共同富裕的必然选择。要统筹推进农村政治建设、经济建设、社会建设、文化建设、生态文明建设。保护利用乡村传统文化，传承和发展民族民间传统体育，广泛开展形式多样的农民群众性体育活动。为此，应该通过多种方式、多种途径，持续推进传统体育文化在少数民族特色村寨的融合发展，充分发挥传统体育在促进少数民族特色村寨建设中的特殊作用，促进少数民族特色村寨和传统体育文化的可持续发展。

第六章
我国少数民族特色村寨传统体育文化融合发展的现状梳理

自中华人民共和国成立以来，我国少数民族村寨的传统体育得到了不同程度的保护与发展，地方政府就当地传统体育文化的保护与传承进行了诸如制度、资金、人力、物力等方面的支持与供给，少数民族村寨传统体育文化的保护与发展也取得了一定的成效。特别是自2009年以来，我国少数民族村寨建设得到了各级政府高度重视，地方民宗委、文化委等政府部门，积极采取有力措施，扎实推进少数民族特色村寨保护与发展建设工作，将民族传统体育文化作为少数民族特色村寨一项重要的文化建设内容与保护工程来抓，传统体育文化伴随着少数民族特色村寨的建设也更加取得了成就，并形成了一定的做法、成效和经验，当然也还存在着一定的不足或问题。

第一节　做　法

一、政府的重视

长期以来，我国少数民族村寨建设以及包括传统体育在内的传统文化的保护与发展，受到政府职能部门尤其是基层政府的高度重视，同时，也正是在政府科学、有效和强有力的组织运行下，我国少数民族村寨建设及民族传统体育文化的保护与发展才取得了如此的成就。如重庆市民宗委为促进全市重点少数民族特色村镇实施民族文化"十个一"项目，推动少数民族特色村寨建设与民族文化融合发展，明确提出和要求开展一批少数民族传统体育项目，对地方少数民族特色村寨建设进行了专门的资金支持（表6-1），包括对传统体育文化的保护与传承。特别是贵州省民宗委，不仅号召各少数民族村寨恢复本民族的传统文化活动，还每年都设有开展传统文化活动的专项扶持经费，较好地推动了少数民族传统文化活动的开展，对少数民族村寨传统体育文化的融合发展起到了显著的助推作用。

表6-1 重庆市2017年少数民族特色村寨（镇）资金投入统计表

区县名称	项目名称	总投资（万元）	上半年投资（万元）	下半年投资（万元）	上半年旅游人数（万人）	上半年旅游收入（万元）
黔江	濯水古镇特色小镇	62 200	50 000	12 200	50	10 000
	板夹溪十三寨特色村寨	700	200	500	30	2 000
武隆	石桥乡八角村芙蓉湖特色村镇	1 200	100	300	0.3	60
	浩口乡田家寨民族特色村寨	703	23	63	0.2	40
	后坪乡天池坝民族特色村寨	2 100	170	130	0.6	120
	文复乡西山村马厂坝民族特色村寨	1 205	720	485	0.55	30
石柱	石家乡政府黄龙村少数民族特色村镇	300	300	0	1.5	450
	枫木乡政府昌坪村少数民族特色村镇	120	120	0	1	300
	金铃乡政府银杏村少数民族特色村镇	80	80	0	1	300
	西沱镇云梯街民族特色村寨	450	450	0	3	900
	金铃乡响水村特色村寨建设	100	100	0	0.5	150
秀山	道罗村铁厂坝民族特色村寨	140	100	40	0	0
	梨园村精品特色村寨	216	216	0	0.5	4
	大寨村土家族特色村寨	700	700	0	2	20
	大溪乡半坡特色村寨	100	100	0	0.7	5
	水坝牛栏溪特色村寨	100	100	0	0	0
	雅江镇少数民族特色村镇	100	100	0	0.5	8
	中平乡山源头特色村寨	348.5	248.5	100	0.3	7

续表

区县名称	项目名称	总投资（万元）	上半年投资（万元）	下半年投资（万元）	上半年旅游人数（万人）	上半年旅游收入（万元）
秀山	云隘村莽龙屯特色村寨	220	40	180	0	0
	平凯街道贵贤村李家院特色村寨	100	0	100	0	0
	溶溪镇红光居委会曹家沟特色村寨	150	0	150	0	0
	孝溪乡中心村余家坟特色村寨	100	0	100	0	0
	隘口镇太阳山村特色村寨	150	0	150	0	0
酉阳	山羊村特色村寨	100	70	30	0.5	10
	清溪村特色村寨	50	30	20	0	0
	内口村特色村寨	80	80	0	2.2	400
	狮象村特色村寨	50	20	30	0	0
	魏市村特色村寨	50	40	10	0.12	20
	何家岩村特色村寨	500	380	120	2.4	420
	河湾村特色村寨	84	65	19	2.65	430
	红庄村特色村寨	70	40	30	0.8	165
	上腴村特色村寨	70	30	40	0	0
彭水	蚩尤九黎城	140 000	5 000	20 000	35	9 000
	罗家坨苗寨	1 500	100	500	2.5	200
	庙池苗寨	10 000	2 500	2 000	0	0

注：以上数据均由重庆市民族宗教事务委员会提供。

近年来，政府对少数民族特色村寨建设的逐步重视，促进了村寨传统体育文化的保护与发展。如重庆市秀山县政府高度重视少数民族特色村镇保护与发展工作，成立了区（县）政府主要领导任组长，分管联系领导任副组长，发改委、民宗委、财政局、城乡建委、国土房管局、扶贫开发办等部门和单位主要负责人为成员的领导小组，统筹、协调推进各项工作。同时，多次召开专题会和现场观摩督办会，现场解决建设中的突出困难和问题。采取例会制、矛盾纠纷限时办结制等方式确保工作责任落实到位。建立涉及民族问题的事项优先安排、优先落实、优先解决的工作机制，制定《加强和改进新形势下民族工作的实施意见》，把少数民族特色村镇建设纳入全区（县）重大建设项目强力推进，将少数民族特色村镇保护与发展工作纳入乡镇年度目标进行考核，确保领导机构、工作机制、工作措施"三到位"。

彭水县采取集中力量，将特色村寨保护和发展工作写入《政府工作报告》，作为政府一项重要工作来抓，印发了《罗家坨苗寨保护与发展实施方案》，将规划的26项建设任务分解落实到14个责任部门和乡镇，形成各部门、各乡镇齐抓共管的工作格局。通过整合各部门的力量，有效利用了农田水利、农村公路、危旧房改造、生态扶贫搬迁、污水处理等专项资金，对特色村寨进行全面建设。探索吸引社会投资，采取市场化方式运作项目建设，阿依河苗寨主要由乌江画廊公司投资建设运营，蚩尤九黎城由中业集团融资打造，成立了彭水蚩尤九黎城旅游开发有限公司，专门负责蚩尤九黎城的旅游品牌打造和营销推广等工作。

在酉阳县，河湾村寨摆手舞在县政府的领导下得到了前所未有的挖掘、创新、整理、保护与发展。1983年，酉阳县委、县政府为了借助自治县成立庆典之机，充分展示酉阳厚重民族文化底蕴，决定从酉阳本土的传统民族文化中进行调研筛选，并决定在1982年11月举办全县性的民族文艺调演。在这一精神指引下，酉阳县委、县政府牵头成立了"酉阳县首届民族文艺调演领导小组"，负责对蕴藏在酉阳县境内的各种民族民间文化，特别是对摆手舞进行了全面的普查、摸底、采风，以及保护、传承、创编等工作。30多年来，全县文化工作者积极投入摆手舞文化遗产的抢救、挖掘工作中，地方政府通过培训与比赛相结合，促进推广普及工作；强化精品意识，打造民族文化品牌；利用文化辐射功能，加大对外宣传力度等推广模式，举行了诸多活动和成就了诸多重大事迹，在土家族摆手舞文化遗产提炼、升华和普及工作上取得了不少成就，把摆手舞的保护与传承工程引领到了前所未有的高度（表6-2），正如访谈中当地一位老百姓说道：随着"乡村振兴""精准扶贫""农旅结合"等国家战略的全面实施，民族特色村寨建设迎来了千载难逢的发展机遇，"得特色者得天下""没有落后的群众，只有落后的领导"。只要我们的领导者敢作为，敢担当，善引导，想干事，能干事，我们的民族特色村寨建设之路将会越走越宽，必将成为农业、农村、农民的脱贫之路，致富之路，成功之路！

表6-2 酉阳县摆手舞活动事件收集整理一览表

时间	事件内容
1982年	成立"酉阳自治县首届民族文艺调演领导小组",组织专门人员对酉阳12个重点区(镇)乡进行摸底、普查、采风搜集工作
	在大溪区可大乡、酉酬区新溪乡发现土家原始摆手舞
	举办全县以区为单位的第一次民族文艺骨干(辅导员)培训班,开设摆手舞等培训项目
	举办酉阳县首届民族文艺调演,酉酬区新溪乡和大溪区可大乡表演的土家族摆手舞双双夺得一等奖
1983年	通过创编后的传统摆手舞,以广场摆手舞的形式首次在酉阳县城大型庆典(自治县成立大会受阅仪式)活动中亮相,备受人们的青睐
1984年	酉阳县原始摆手舞收入国家"七五"重点科研项目成果之一的《四川省民族民间舞蹈集成》(酉阳县卷)中
1986年	酉阳、龙山、来凤毗邻三县成立民族文艺交流演出组委会,一年一届重点交流摆手舞等土家特色文艺作品
	酉阳县土家族摆手舞的打击乐伴奏音乐收入《四川省民族民间器乐曲集成》(酉阳县卷)中
1987年	酉阳县教育部门举办了全县中小学酉阳土家族摆手舞培训班,启动了摆手舞学校普及、推广工程
	后溪乡创编的农事摆手舞参加酉阳、来凤、龙山三县举办的首届二次民族文艺交流演出活动,深受广大群众欢迎
	酉阳县再次组织大量的专家人员对土家族摆手舞进行了重点的搜集、整理,本次考察活动获取了大量、真实的酉阳土家族摆手舞资料
1993年	特邀知名人士和专家,如国家一级编导张瑜冰,四川省舞蹈家协会常务理事据渝安,成都市歌舞剧院曲作家陈大德等,到酉阳县重点提炼打造土家族摆手舞,作为庆祝酉阳县解放44周年和自治县成立10周年"双庆"文艺节目
1994年	县委、县政府牵头承办了全县性第一期摆手舞教学培训班,要求全县村村寨寨普及跳广场摆手舞,每个乡镇每年利用节假日不定期举办一次摆手舞比赛
	创编的《摆手祭》土家族摆手舞民族文化品牌在四川省第二届少数民族艺术节上摘取"特别奖"
	全县第一期舞蹈教学培训班顺利开班,拉开了全县8大系统、城关镇各居委会和全县各中小学摆手舞骨干带领群众摆手的帷幕
1995年	黔江地区行署命名酉阳县后溪乡为黔江地区"摆手舞"之乡
1996年	举办了酉阳县直机关、学校、镇属各居委会首届广场摆手舞有奖比赛
1996年	以"打绕棺"和摆手舞打击乐为素材创作的《欢乐的毕兹卡》荣获黔江地区首届民间吹打乐比赛一等奖

续表

时间	事件内容
1996年	酉阳代表团创编的《摆手祭》参加了酉阳、来凤、龙山三县第二届一次民族文艺交流会文艺演出
	举办县直机关及县城各界"酉阳摆手舞比赛"
1997年	举行县直八大系统、钟多镇街道居委会、县城各社会团体首届摆手舞比赛
1998年	以酉阳县原始摆手舞动作"岩鹰展翅"为素材创作了《岩鹰颂》舞蹈,在黔江地区第三届少数民族艺术节比赛中获二等奖
	创编的土家族摆手舞在重庆电视台与香港凤凰卫视联合举办的春节联欢晚会上播出
	黔江地区派出人员将酉阳土家族摆手舞引进机关、学校、广场等
1999年	推出《酉阳广场摆手舞》。重庆电视台、上海东方电视台、中央电视台、香港凤凰卫视台等新闻媒体多次深入酉阳拍摄摆手舞专题节目和人物专访
	创编的酉阳简化摆手舞,在黔江地区举办的"简化摆手舞比赛"中获创新奖
	再次组织专家深入全县各地对原始摆手舞进行挖掘整理,本次考察调研获取了大量的如碑文、诗词、歌词、故事、传说等文字资料,摆手堂遗址资料,以及音像、图片等资料
	创编的土家族摆手舞赴香港参加国际旅游节展示;赴北京参加全国第七届少数民族运动会表演项目比赛并获铜奖;到北京参加新中国成立50周年庆典活动
2000年	酉阳县向重庆市及上级有关部门递交"摆手舞之乡"请示书
2001年	酉阳县政府正式向重庆市及上级有关部门报送申请成为"摆手舞之乡"的资料汇编
	被重庆市人民政府命名为"摆手舞之乡"
	修改、提炼广场摆手舞,使之易于大众接受和喜爱,也利于传授和普及推广
	占地上万平方米、可容纳数千人的桃花源摆手舞广场得以落成
	国务院原总理李鹏同志在桃花源广场与群众同跳土家族摆手舞,并题词:"酉阳——土家族摆手舞之乡"
	举办了"首届武陵山区文艺会演暨全县摆手舞大赛",以及大型摆手舞表演晚会闭幕式上,重庆市人民政府授予酉阳县"重庆市土家族摆手舞之乡"称号
	重庆市政府向国家文化部提出命名酉阳县为"中国民间艺术之乡"的请求
2002年	酉阳县被中华人民共和国文化部命名为"中国民间艺术之乡(摆手舞)"
	酉阳县摆手舞队赴北京中央电视台演播室进行现场表演
2003年	《酉阳土家族摆手舞》专著出版,由邹明星主编
	国家文化部正式授予酉阳县"中国民间艺术之乡"(摆手舞)称号

续表

时间	事件内容
2004 年	由重庆市体育局主办的土家族健身摆手培训班开班，其宗旨是拟将酉阳县土家族摆手舞以健身操的形式推广到重庆市各区县
2008 年	对土家族摆手舞的起源说资料通过采访、考古等手段获取的如口述和表演资料、说白、古歌等进行整理存档，并进行数字化制作和保存
2009 年	以各乡（镇）、县直系统、城关镇各居委会和全县各中小学为单位开办土家族摆手舞传习班，实施传承计划
	举行了酉阳县两万人同跳摆手舞活动，并成功申报成为吉尼斯世界纪录
	在重庆市主城如杨家坪文化广场、大渡口区政府广场、人民大礼堂广场、解放碑等举办摆手舞"进商圈、进军营、进企业、进社区"展演活动
	《酉阳土家族摆手舞》申报世界非物质文化遗产工作正式启动和顺利推进
2010 年	将后溪镇长潭村建立成为文化生态保护村，开始征集与跳摆手舞相关的如鼓、锣、龙凤旗、法器等实物道具，以及音乐、图片等
	电影《摆手舞之恋》在酉阳县正式开机拍摄
	举行大型土家族摆手舞欢乐文化节活动
	县政府与中央民族大学合作成立中国土家文化研究院
2011 年	举办武陵山区首届土家族摆手舞大赛
2012 年	举办武陵山区第二届土家族摆手舞大赛
2013 年	举办酉阳县传统体育项目比赛、摆手操比赛、武陵山区第三届土家族摆手舞大赛

二、与民俗活动共舞

村寨里的传统体育文化与其他民俗文化同根同源、同生共存，在发展传承中二者相互交织、相互融汇、相互映射。就是在当下，少数民族村寨中的传统体育文化活动也主要是通过恢复和开展本民族的节庆活动、民俗活动、聚会活动等形式而更为广泛开展。因而，少数民族传统体育如果不是借助于这些民族文化活动，几乎无法以一种独立的方式长期存在、传承与发展下去。当然，少数民族传统体育成为这些活动的重要内容，甚至是使这些活动变得更为有趣、更能吸引参与者、更能广泛开展的主要载体。因此在与当地居民的访谈中，有不少居民就提及少数民族特色村寨的建设与发展，特别是一些民俗活动的开展，需要传统体育的参与，促进传统体育更为广泛地开展，更大规模地传承，更好融入少数民族村寨的不断建设与发展之中，这也是少数民族传统体育传承与发展最应当受到重视的路径和方式之一。

三、积极开展培训与比赛

这里的培训，主要是对传承人和当地居民在传承技能和参与技能方面的培训。如酉阳县，早在1994年就举办了全县性第一期摆手舞教学培训班，之后每逢重大摆手舞活动，都有文化局、体育局、教委等举行摆手舞培训班。在黔江，制订生态传承方案，通过打造"传承基地、传承舞台、传承人"传承体系来对传承人、当地干部、当地居民等进行培训。截至2017年，已建立8个传承基地，组建38支共计4 000余人的传承队伍。常年组织全区乡镇文化中心主任、非遗专干参加专业培训会，邀请专家针对非遗保护工作中的普查、项目申报、档案的管理等方面的知识进行专题培训。组织非遗中心工作人员进行走访，让非遗保护工作深入田间地头，积极开展到边到点的指导工作。组织非遗代表性传承人和手工艺人参加国家、重庆市组织的非遗传承人培训班，让传承人增长见识，系统学习传承途径和发展思维。组织开展传承人带徒、展示展演等活动，推动非遗项目的传承和发展。

同时，摆手舞大赛在武陵山区已经形成了一种常态化机制。以酉阳而言，在1994年，县委、县政府就要求酉阳广场摆手舞一定要普及到全县的村寨，要求每年不定期地举办一次区（镇）所在地的摆手舞比赛。同时，还邀请湖北、湖南、贵州等地的区县来参加，2012年9月举行的"中国武陵山区第二届摆手舞大赛"中，就有来自重庆黔江、秀山、彭水、石柱、酉阳及贵州印江、沿河，湖北利川、咸丰、来凤、鹤峰，湖南龙山、古丈等周边的13个区县的15支代表队近千名运动员参加了比赛。通过这些比赛，不仅推动了武陵山区各民族村寨摆手舞文化活动的普及推广和健康发展，还在很大程度上激发了人们对民族传统体育文化保护、传承与参与的热情和氛围，为武陵山区民族村寨传统体育文化的融合发展注入了活力。

四、制定发展规划

这里的发展规划，就是指在少数民族特色村寨建设规划中针对传统体育文化保护提出一定的发展规划与要求。如湖北来凤在建设发展舍米湖少数民族特色村寨中，就专门针对村寨里的摆手舞制定了《湖北来凤舍米湖原生态摆手舞文化旅

第六章 我国少数民族特色村寨传统体育文化融合发展的现状梳理

游区总体规划》，要求对摆手舞进行精心挖掘、整理和开发，充分发挥摆手舞在促进舍米湖旅游方面的作用和价值。同时保护、传承与宣传好摆手舞，为舍米湖少数民族特色村寨摆手舞的融合发展起到了很好的促进作用。

同样，《重庆市渝东南地区旅游发展规划（修编）文本》提出，打造后溪古镇、长潭村等旅游开发地规划，打造土家族摆手舞民俗文化风情和土家族摆手舞节民俗文化风情节产品。重点开发长潭村河湾山寨乡村旅游产品、土家族摆手舞休闲性旅游产品、土家族摆手舞文化节等。《酉阳土家族苗族自治县"十二五"旅游发展规划》强调，将整理摆手舞、酉阳民歌等国家级非物质文化遗产作为酉阳"八个一工程"之一，将酉阳建设成为一个拥有土家族摆手舞之乡等诸多盛誉的地方。加强百家祠堂、土司制度、神话传说、土家族摆手舞、木叶情歌、传统习俗，以及河湾山寨、酉阳·中国土家族摆手舞欢乐文化节、三峿山自然风光、土家民族风情、后溪古镇、河湾古寨等旅游资源的开发和保护，开发酉阳火车站至后溪古镇（跳摆手舞）的精品旅游线路。把"以土家文化为核心，以旅游经济为目的，打造生态文化旅游目的地"作为"十二五"旅游发展的总体战略之一。明确把后溪古镇建设成为全国著名民俗古镇，将河湾山寨建设成中国"最美的土家山寨"，土家文化体验目的地。要求复建古祠堂，恢复祠堂群景观，建设土家摆手堂，复建"八部大王"庙和老土司寨，提炼土家族摆手舞等土家文化的主要元素，打造酉水河土家民俗风情走廊。将土家吊脚楼、土家族摆手舞（摆手堂）、木叶情歌等打造成为特色旅游项目。同时要求保护沿河水质，清理不协调的现代建筑，借助酉水河清澈的水体，依山就势以土家族摆手舞为主要内容，进行传统与现代舞台艺术的包装，运用现代高科技技术，综合运用上述的土家族特色元素，丰富舞台剧的内容，创作一部天人合一的自然和谐剧。加强摆手舞建设和深度开发，推动以摆手舞为重点的民族文化进景区、进机关、进社区、进学校、进农村、进企业，做强"酉阳中国土家族摆手舞欢乐文化节"活动。

重庆市民宗委制定的《渝东南少数民族特色村镇实施民族文化"十个一项目工作方案"》（2017年6月6日），明确强调和要求开展一批少数民族传统体育项目，普及推广全国少数民族传统体育竞赛项目，创编各具特色且参与性强的民俗体育表演项目，实现彭水高台舞狮、黔江向氏武术等非物质文化遗产在少数民族特色村寨的展现。并要求各地要制订细化实施方案，分年度明确项目实施内容，落实专人负责，倒计时推进项目建设；严格遵守有关项目资金管理办法和建设、采购程序，确保发挥资金效益；培训一批解说人员，开展民族节庆活动，普及推广少数民族传统体育项目要突出趣味性和互动性，提升少数民族特色村寨民族文化的体验感和获得感。

秀山土家族苗族自治县民族宗教事务委员会颁布实施的《秀山土家族苗族自治县少数民族特色村镇实施民族文化"十个一"项目工作方案》（2017年6月30日），强调以提升和展示少数民族文化为抓手，开展一批少数民族传统体育项目，普及推广如洪安小镇端午节龙舟赛等少数民族传统体育竞赛项目，创编各具特色且参与性强的土家族、苗族传统体育表演项目；石柱土家族自治县民族宗教事务委员会《关于2017年石柱特色村镇民族文化十个一实施方案的报告》（2017年6月22日），要求普及推广全国少数民族传统体育竞赛项目，并突出趣味性和互动性，提升少数民族特色村寨民族文化的体验感和可游性；重庆市武隆区民族宗教事务办公室《关于武隆区实施民族文化"十个一"项目工作方案的报告》（2017年7月10日），计划开展一批少数民族传统体育项目，加强练习独竹漂少数民族传统体育竞赛项目；彭水苗族土家族自治县民族宗教事务委员会《彭水自治县少数民族特色村镇实施民族文化"十个一"项目工作方案》（2017年6月19日），要求传承普子铁炮火龙、高台狮舞、傩戏等非物质文化遗产项目，积极将传统体育项目滚铁环、打陀螺、射弩等项目引入蚩尤九黎城，拓展景区游客的娱乐项目。

五、激发当地居民的参与

少数民族村寨传统体育文化活动的开展，离不开村寨里居民的热情参与和自觉行动，不管是健身娱乐还是竞赛表演，只有天生具有乡村气息和品味的当地居民，才能够将传统体育文化所具有的乡土味道和民族传统特色表现得惟妙惟肖和演绎得淋漓尽致。同时，也只有来自当地居民的热情和自觉参与，才是民族传统体育活动得以可持续开展的内生力、源动力。

近年来，地方政府、村委会通过各种方式带领村民致富，满足了村民的现实需求，使村民们有心思、有时间、有诉求参与甚至组织一些传统体育文化活动。同时，地方政府、村委会连同村寨里有号召力、大家公认的居民代表制定村规民约，激励和约束村民参与传统文化保护，强化民族群体的权利与义务，从而提升群体的理解、认同与接纳，如湖北来凤舍米湖村就要求每家每户的父母都要督促和教授自己的孩子跳摆手舞。事实也如此，课题组在访谈中有不少人提及，特别是春节，他们都会叫自家的孩子去学习和参与跳摆手舞，但他们作为父母却不一定参与。由此可见，当地居民对摆手舞的传承意识、参与意识、自觉意识还是有的。当然，村寨固有的宗族、亲缘、血缘等纽带所具有的内聚力、认同力，也为村寨传统体育文化活动的开展发挥着重要作用。

六、与旅游经济相融合

旅游经济开发是少数民族特色村寨建设的重要内容、重要手段和重要体现，发展旅游经济是少数民族特色村寨建设的重头戏，可以说村寨里所有传统文化活动的组织与开展几乎都是向着村寨旅游经济发展而去的。同时，将传统体育、传统文化与村寨里的旅游经济进行融合发展几乎是村寨的普遍做法。如湖北来凤舍米湖村、重庆酉阳河湾村都以摆手舞为核心打造民族文化旅游产业，围绕摆手舞打造村寨民族文化旅游品牌。课题组在访谈中就有不少当地居民认为，传统体育文化的保护与传承，以及活动的开展都必须与村寨旅游相结合，离开了旅游这么一个经济活动和经济形式，传统体育文化无疑将失去一种特殊的依存载体和方式，只有把传统体育文化活动转化为一种经济价值，转化为一种旅游活动，才能够满足当地居民对生存生活和经济利益的需求，也才能够激发和保证当地居民的热情参与。当问及当地居民为什么要跳摆手舞时，他们当中很多居民就直言不讳地说摆手舞能够为他们带来收入。

酉阳县为推进生态旅游工程和生态文化旅游品牌，将土家族摆手舞进行重点打造，申世遗、每年举办大型的"中国酉阳土家族摆手舞文化节"、做靓"中国土家族摆手舞之乡"牌子等。为了触动旅游经济的发展，"一赛一节"已经形成了一种常态化，会每年举行一次大型的"一赛一节"活动，重庆市政府也大力支持办好"一赛一节"活动。"一节"就是指"酉阳·中国土家族摆手舞欢乐文化节"。2010年，酉阳县成功举办了"一赛一节"，即中国·重庆·酉阳国际攀岩精英赛和酉阳·中国土家族摆手舞欢乐文化节，活动中10万人同跳摆手舞成功申报吉尼斯世界纪录，协议引资153.88亿元，共接待游客16.98万人次，旅游收入6 376.82万元，实现了"文化搭台、经济唱戏"的目标[①]。

[①]重庆市政府网—政府信息—政府动态—酉阳县成功举办"一赛一节"激活旅游业整体起步[EB/OL].（2012-09-15）[2012-09-15] http：//www.cq.gov.cn/zwgk/zfxx/248231.htm.

第二节 成 效

一、促进传统体育文化的保护与发展

促进和实现传统体育与少数民族特色村寨建设融合发展的目的之一，就是对传统体育文化的保护与发展。在实践中，特别是工作做得好的少数民族村寨，不仅较好地保护与传承了还存在的少数民族传统体育，甚而凭借寨中老人的回忆，重新恢复了部分已失传的传统体育项目，使这些村寨中的少数民族传统体育的传承发展与村寨建设出现了良好互动。如河湾村、土家十三寨等的摆手舞就是一个鲜活的成功例子，早已形成了健身娱乐化、艺术表演化、教育科普化、赛事交流化等多样态发展趋势[①]。

二、促进少数民族特色村寨的建设与发展

就河湾村少数民族特色村寨而言，与摆手舞相关的村寨、文物、建筑风格等得到了保护，还修建了文化陈列馆，对河湾村寨土家族文化和苗族文化文物进行收集整理，并将传统体育文化项目——摆手舞作为一项重要的陈列内容，将与摆手舞相关的书籍、道具、音乐等陈列于馆内，丰富了摆手舞乃至村寨的文化底蕴。整个村寨建设也有了一个总体规划，2012年重庆市政府就同意了酉阳县政府申报的《重庆市历史文化名镇后溪镇保护规划》，要求对河湾山寨实行分级保护，要求地方政府要对建筑物、构筑物进行分类保护，在保持和延续原有群体格局和肌理的原则下，对建筑环境进行保护更新，恢复传统建筑特征；不得改变传统建筑的街巷空间风貌、传统建筑材质和色彩；不允许拆除历史建筑物、构筑物和传统民居；除必要的基础设施和公共服务设施外，不得进行修建、扩建活动，修建基础设施和公共服务设施时，不得破坏传统风貌；在建设控制区，要求对与核心保护区风貌不协调的建筑进行风貌整饬；建筑改造应强化土家族、苗族传统建筑特征，外立面色彩、施工技术宜与核心保护区整体风貌相协调，建筑高度控制在1~5层，高度为4~18米，同时控制建筑尺度、体量、色彩，不得破坏建筑风貌；控制高层建筑或体量过大的建筑，保护历史文化名镇所依存的山水格

---

① 张世威. 乌江流域民族传统体育文化通融性考论［M］. 北京：中国社会科学出版社，2018.

局，保护酉水河和大江河沿线水体，沿岸严格控制新建建筑物，不得进行山体开采等破坏周边山体的活动。重庆市政府也要求地方政府要重点保护后溪镇的总体风貌、建筑特色、街巷尺度、民风习俗和自然环境。如今，后溪镇风貌、河湾村古寨、摆手堂、摆手碑、族谱等都得到了很好的保护，以前被损坏的建筑被重新修缮。

河湾村新修建的居民楼　　　　　河湾村一瞥

总体来说，少数民族特色村寨传统体育文化的融合发展在促进村寨教育、健身、旅游、民族团结进步、改善村容村貌等方面卓有成效。特别是民族传统体育文化得以保护、重构与传承。各地在推进少数民族特色村寨的过程中，都将民族传统体育的融合发展作为一项最基本的建设内容。因此，少数民族传统体育不仅对提升村民生活质量具有重要意义，对整个村寨的发展和进步都会发生重要的作用。

第三节　问　题

一、传统体育文化在村寨建设中的重视度不够

改革开放以来，我国经济的快速发展在有效增强国家实力、显著改善民众生活的同时，也一定程度地使更多的社会组织、社会成员更为重视经济的发展，更为突出地追求经济效益。在调查中我们发现，尤其是在脱贫攻坚的巨大压力下，各级政府、签署了脱贫帮扶任务书的责任人、介入以上工作的对口帮扶的单位和社会力量等，都会侧重关注少数民族村寨的经济建设状态，而文化建设特别是传统体育文化在较大程度上被忽视。

二、村民外出务工导致传统体育活动开展困难

调查中我们发现,随着我国工业化、城市化进程的加快,几乎所有的少数民族村寨都有数量不等的青壮年外出务工,相当部分村寨外出务工者占本村寨青壮年总人口的比例超过50%,甚至某些村寨外出务工的比例高达80%以上。青壮年是开展民族传统体育文化活动的重要角色,因此,随着青壮年外出务工比例的增加,使村寨组织开展民族传统体育文化活动更为困难,且明显地降低了活动的热闹和欢愉程度。

三、现代生活方式对传统体育文化活动的影响

随着我国现代化进程的推进和经济发展水平的快速提高,即使是在发展相对滞后的少数民族聚居的农村地区,在物质生活水平大大提高的同时,广播电视、移动通信机站、硬化路面也实现了"村村通"。于是闲暇时间内看电视、听广播、使用智能手机等现代生活方式越来越广泛、普遍地涌进了少数民族村寨。再加上物质生活水平的提高,使得人与人之间各种的交往活动较大幅度地增加,村民可选择的生活方式越来越多样化,使少数民族村民的生活不再寂寞。这本是一种社会进步,但调查中我们也发现了这种变化对传统文化活动带来的不利冲击,人们在日常生活中对民族文化活动的期盼和热情与以往相比有所弱化。不过调查中我们也发现,这种变化也仅仅是一种弱化而已,当村寨要举办某种民族传统文化活动时,村民们还是会几乎无一例外地积极参与。

四、异地搬迁削弱了传统体育文化氛围

改革开放以来,较多的少数民族村寨进行了异地搬迁,不同程度地导致同一少数民族特色村寨中的群众被分散搬迁到多个不同地方。即使是在扶贫搬迁中,较多的村民可能会整体搬迁到同一新村,导致这种村寨与本民族其他村寨的文化关联度和实际发生的文化联系都降低和弱化了。尤其是在移民搬迁中,不仅此类现象更为严重,甚至同一村寨的村民被搬迁到了多个相距较远的地方,大大弱化了本民族内部的相互关联。正是这种搬迁导致了同一民族居住更为分散的现象,较为严重地弱化了少数民族传统文化的传承发展所需要"人多势众"的条件,使得被搬迁的村寨、被分散移民的村民,组织和参与本民族传统文化活动的困难

增大、机会减少，甚至某些村民从此远离本民族的集体活动。

五、传统体育的传统特色发生了异化

人类之所以形成不同的族群，最为重要的原因就是不同群体拥有着不同的文化，由不同族群所分别拥有的不同文化，共同构成了人类文化的多样性和丰富性，而人类文化的多样性和丰富性，正是使人类文化保有强大生命力、具有光明前途的重要原因。因此，任何一种民族文化都具有其独特的重要价值，使某一民族文化具备独特的重要价值的根本原因，主要有两个方面：其一是其不同于其他族群的民族特色，不同民族的文化特色，使不同文化都分别具有了各自独特内容和形式，支撑起了人类文化的多样性；其二是这种文化特别适应并在漫长的历史进程中，养育它的原创民族。尤其是在少数民族特色村寨建设中，只有充分注重了传统特色和足够的突出了传统特色，文化建设才能在成功地保护优秀传统的同时，又能够为与时俱进地进行创新、与现代文化的融合等提供更好的基础，使包括传统体育在内的传统文化更为健康地传承和发展，也才能更名副其实地实现少数民族特色村寨的"特色"建设目标。

课题组在对贵州少数民族传统体育文化传承发展的调查中，发现了在一定范围内较为严重地存在着忽视传统、忽视特色，而使少数民族传统体育文化发生不当异化的现象。比如在竞赛传承方式中，上至全国少数民族传统体育运动会，下至市、县级少数民族传统体育运动会，由于在对整个"表演类"项目比赛的实际评分过程中，过于侧重欣赏价值而较为忽视了项目本身的民族性和传统性特征，从而几乎在全国范围内，都较为严重地误导了表演类项目的整个挖掘、整理和重新编排过程，使得原本在少数民族村寨充满着民族性和传统性的表演性传统体育项目，为了参赛追求高分，为了追求其所谓的欣赏价值，而被粗暴地、较为严重地除去其民族性和传统性特征，发生了较为严重的异化现象，使得某些在赛场上出现的表演类项目，只是还打着某一少数民族的旗号，而实际上却严重缺少该民族的传统文化特色。

这在一定程度上干扰和误导了少数民族传统体育的发展方向，甚而引发了少数民族群众对这一现象的不满。如贵州务川县，在对仡佬族传统体育"打篾鸡蛋"项目进行改造时，不当而过度地引入现代体育元素，虽然在参加省和国家级的比赛中都拿到"金奖"，但务川县的部分仡佬族群众却不承认改造后的活动方式是仡佬族的"打篾鸡蛋"，不仅不传承、不推广这种活动，还对这种传承、这种改造表示了极大的愤怒。

再如在各种风景名胜区甚至是乡村游的表演活动中,改编人员总是认为这些传统体育"太土",欣赏价值不高,可能难于吸引游客,于是按自己的理解,较大程度地丢弃项目原有的民族性和传统性特征,过多地引入现代元素,对传统体育项目几乎进行了面目全非的改造。其结局不仅是不能吸引有着较为强烈的求奇、求新旅游欣赏目的的游客,也严重异化了少数民族传统体育文化的本真。

更令人忧虑的是,这些改编活动较多地都是在少数民族聚居村寨内由外来的所谓专家进行,而且项目改造后,参与这些项目比赛或表演的人又较多的是少数民族村民。因而,这种异化在一定程度上通过影响村民而影响着少数民族传统体育的发展方向,是一个必须高度关注和需要进行阻止和纠正的问题。否则,这种异化不仅会使少数民族传统体育丢失宝贵的民族性,丢失至今仍有重要意义的优秀传统,而且不利于其他传统文化的传承与发展,当然也就不利于少数民族特色村寨传统体育文化更有效地融合发展。

六、传统体育保护与发展失范化严重

少数民族村寨传统体育的生发受制于村寨的地理位置、自然环境、气候土地资源等生态因素,传统体育与村寨生态文化同源同根,无法从村寨文化系统中抽离。同时,传统体育需要以村寨生活范式和格局为基础、为生命力[①]。一方水土一方文化,自然生态决定了民俗文化的特性。但在现实中,人们在保护传统体育文化时,并没有联系性、系统性地去保护村寨里的自然生态环境、文化环境、人口环境等,完全是一种碎片化、零散化的保护方式和思维状态,在很大程度上导致民族传统体育失去所赖以生存发展的生态空间、血脉根基,进而显得孤芳自赏、孤立无援、苍白无力。同时,村寨之间相互效仿、相互学习,甚至相互被限制、被规定,出现同质化现象,使原本各具特色的传统体育和民族村寨而趋于同一性、无特色性,很多民族传统体育和特色村寨失去了本真,失去了本来面目,出现了失范。

尤其是在一些旅游景点的表演中,十分普遍地存在扭曲少数民族传统体育原有传统的现象。这些失范的发生,往往是部分编导人员错误地认为游客喜欢比较

[①] 赵明元,辛松和. 少数民族聚居村落的原生态体育文化流变考察 [J]. 贵州民族研究,2016,37 (6):90-93.

热闹、比较现代的表演形式，因而改编中粗暴地剥离原有的民族文化的传统，不当地、过多地嫁接现代元素，以至在这些场景下表演的内容，几乎已经不再是少数民族传统体育了，仅仅是还保留着其原有的名称而已。我们说，民族传统体育作为一种全民族的共有财富，虽然任何人都有将其变成资源而获取报酬的权利，但谁都没有只借用其名而粗暴地剥离和丢弃其还具有重要价值的传统的权力，这是在少数民族传统体育的不断发展中面临的严重威胁。当然，这种被扭曲或发生扭曲的传统体育文化固然与其与生俱来的村寨是不相符的，甚至是对少数民族特色村寨完整肌理的一种破坏。

特别是很长一段时间来，很多地方围绕少数民族特色村寨建设会经常举行一些传统体育比赛活动，要求各村寨组织参加。组织方为了好评判，好决定些名次，就难免对参加比赛的传统体育项目的动作内容甚至是竞赛方式进行了统一规定。然而这种统一规定恰巧使得不同村寨原本各具特色的传统体育项目出现了同一化，使得一定区域里的民族传统体育动作朝着同一化方向发展，不同村寨的传统体育项目因此失去自身原本的一些特色。同时，尤其是"表演类"项目的竞赛过程中，导向有些问题，使得那些在改编后民族性、传统性特征不明显，原有的传统过多消失，而现代元素引入过多，较为热闹、观赏性更强的项目往往评分较高，而民族性、传统性、本土性特征表现较好的项目评分结果却较差。这种导向作用，较为严重地偏离了少数民族传统体育的发展方向，也因此，很难确定民族传统体育赋予村寨某种特定的传统元素。

七、传统体育的保护与发展脱离村寨实际

这里的脱离村寨需求谈融合有两层含义，一是传统体育文化的保护与发展脱离村寨的整体发展，注重传统体育文化本身，而忽视与村寨政治、经济、社会、文化、生态文明建设等方面的融合发展。我们在调查中发现，很多民族村寨在保护、挖掘和创编民族传统体育项目时，所参照和遵从的是一种城市模式，导致传统体育反而不适应村寨而更适用于广场，村寨传统体育出现了离村进城的现象。譬如在贵州做得较好的贵州省民族歌舞团，他们主动地将一些民族村寨里亦舞亦体的传统体育项目，改编成适合广场活动的民族健身舞，并全力推广，取得了较好的成效。但是这些以少数民族传统体育为活动内容的广场活动，至今仍主要在城市或乡镇政府所在地等人口较多的地方存在，尚未在原本的少数民族村寨开展，传统体育出现了"离村进城"的现象，传统体育真正产生的地方却没有了

身影,未能与少数民族特色村寨建设融合发展。

小结

少数民族特色村寨传统体育文化的融合发展,不是一个新的话题,已经形成了一些常规性做法,如政府的重视、与民俗活动共舞、培训与比赛相结合、制定发展规划、激发当地居民参与、与旅游经济相契合,在促进传统体育文化的保护与发展和少数民族特色村寨的建设与发展上都取得了明显的成效。但还存在传统体育文化在村寨建设中的重视程度不够,村民大量外出务工导致传统体育文化活动开展困难,现代生活方式的多样化对传统体育文化活动的影响,异地搬迁削弱了传统体育文化活动的氛围,传统体育的传统特色发生了异化,传统体育保护失范化严重,传统体育的保护与发展脱离村寨实际等问题。为此,我们必须借助已有的经验和成功做法,认真梳理和分析所存在的问题及其原因,然后提出科学的办法与决策,促进少数民族特色村寨传统体育文化的有序、高效融合发展。

第七章

供给侧结构性改革：我国少数民族特色村寨传统体育文化融合发展的路径设计

供给侧结构性改革不仅对深化经济领域改革与发展具有重要的指导意义，同样也是文化领域改革与发展的必然要求与选择。特别是文化全球化以及传统体育文化生态失衡问题，已成为制约我国少数民族村寨传统体育文化保护与发展的深层根源，成为阻碍少数民族特色村寨传统体育文化融合发展的重要瓶颈。在现阶段，少数民族特色村寨传统体育文化融合发展的主要矛盾，表现为传统体育文化供给与村寨居民日益增长的美好文化生活需要不平衡、不充分、不协调。因此，要推动和实现少数民族特色村寨传统体育文化的可持续融合发展，必须要加强传统体育文化融合发展的供给侧改革，提高传统体育文化融合发展的供给质量和效应，形成科学、健全的供给体系与方法。

第一节　供给侧结构性改革的选择理据

习近平总书记在2015年11月中央财经领导小组会议上首次提出"供给侧结构性改革"，指出"在适度扩大总需求的同时，着力加强供给侧结构性改革，着力提高供给体系质量和效率，增强经济持续增长动力"。供给侧结构性改革，本是经济领域里的一项伟大而生动的创新实践工程，但在文化领域同样需要和适用，特别考虑到文化的意识形态属性，所以推进文化领域的改革发展更加必要、更为迫切、更加值得借鉴这一经济理念和思维方式[1]。

事实也告诉我们，特别是当前人民群众的文化消费正向个性化、多样化、享受化转型升级，未来如何更好地满足人民群众日益增长的美好文化需求，如何做

---

[1]邱方明.文化领域也要进行供给侧结构性改革[J].前线，2016（2）：78-79.

强做大做优我国文化产业,如何维护国家文化安全,如何保护中华传统文化基因,关键是要从供给侧着手,迫切需要推进供给侧结构性改革。文化领域供给侧结构性改革,"核心是从提高文化产品(服务)的供给质量和效率出发,以问题为导向,采取改革措施,推动供给结构调整,提高供给结构对需求变化的适应性和灵活性,推动形成文化需求升级和供给升级协调共进的高效循环,更好地满足人民群众日益增长的精神文化生活需求,实现文化领域健康可持续发展。在当前全球文化交流交融交锋更加频繁、人民群众对文化需求日益高涨的时代背景下,在文化领域需要大力矫正优化的实践探索中,推进文化领域供给侧结构性改革具有突出的现实意义。"[①]

就少数民族特色村寨传统体育文化而言,尽管随着少数民族特色村寨的建设,包括传统体育在内的村寨传统文化得到较好的保护与发展,很多民族村寨都在积极、有序、有效地开展传统体育文化活动,但从村寨居民对传统体育文化的需求或动力看,传统体育文化依然存在着有效供给不足,或者说并不能够满足居民幸福感、快乐感这一现实需求问题。包括内容、形式、服务、设施、产品等与人民群众日益增长的美好生活和文化需求不适应、不匹配、不协调。特别在娱乐性、观赏性、健身性上,与人们的需求还有很大的差距,所以导致人们不愿意参与到传统体育文化活动中,这是当前少数民族村寨传统体育保护与发展或者说融入村寨建设所面临的主要问题。

供给侧结构性改革的关键是推动供给侧的结构性调整,通过创新供给结构引导需求结构的调整和升级,在我国经济进入新常态、文化进入全球化的环境下,包括传统体育在内的文化及文化产业发展不可避免面临和存在着结构性失衡,"供需错位"成为传统体育文化融合发展中比较突出的问题。总体上看,我国少数民族村寨传统体育文化品质基础仍然薄弱,传统体育文化产品的质量、效益都需要明显提升。同时,虽然当前研究我国少数民族村寨传统体育文化融合发展相关问题的学者不在少数,但总体上无论在学术研究层面还是实践操作层面,都主要还是一种"需求侧"方式或思维,缺乏用"供给侧结构性改革"的思维或方式来研究和实践。但是,"需求侧"是从运行结果出发的,是一种需求性动力,不是发展的原动力,而"供给侧"是从源头入手,力图从制度变革、结构优化和要素升级等根本的、可持续的动力出发,实现其更加突出长远的转型升级。为

[①] 柳杰. 文化领域供给侧结构性改革之路[N]. 中国社会科学报, 2017-07-10 (008).

第七章 供给侧结构性改革：我国少数民族特色村寨传统体育文化融合发展的路径设计

此，要推动少数民族村寨传统体育文化的创造性转化和创新性融合发展，我们必须顺应国家供给侧结构性改革背景和思维，提升传统体育融合发展供给质量，调整传统体育供给结构，优化传统体育供给资源配置，提升传统体育供给效应，促进传统体育融合发展在少数民族特色村寨的持续有效供给[①]。

为此，本研究将少数民族特色村寨传统体育文化的融合发展定义在供给侧结构性改革上，拟从一个新的视角、新的思维、新的方法来促进传统体育文化更加有质量、有效率地融合发展。所谓供给侧结构性改革，是指从传统体育文化资源要素投入入手，注重传统体育文化资源的优质有效供给，优化要素合理配置，不断提升传统体育融合发展质量，为真正启动内需，打造传统体育可持续融合发展新动力提供有效路径，最终促进传统体育在少数民族特色村寨的优质高效融合发展。这既是传统体育顺应少数民族特色村寨建设的必然趋势，也是传统体育文化保护与发展内部质量提升的必然之举。

第二节 供给侧结构性改革的要素构建

供给侧结构性改革主要是强调供给端的管理与质量，强调通过供给侧生产要素即提高要素质量、优化要素配置来提高和优化供给质量与效率。根据供给侧结构性改革相关理论和研究，供给侧要素主要是指劳动力、土地和资本，但有人又加上了创新。传统体育作为一种文化遗产，基于一项文化供给而言，既是一项历时性供给即代际传承者之间的供给，也是一项共时性即生产者和消费者之间的供给[②]。为此，结合供给侧结构性改革相关理论和少数民族特色村寨传统体育文化融合发展实际，以及少数民族传统体育与村寨建设融合发展相关理论与本质要求，本书将少数民族特色村寨传统体育融合发展的供给侧要素界定为供给主体、供给技术、供给产品、供给资金"四大要素"。

一、供给主体

根据供给侧结构性改革相关理论，少数民族特色村寨传统体育文化融合发展的供给侧结构性问题，关键是供给主体的问题，即由谁来供给的问题。根据供给

[①] 张伟杰，宋新泉，林森，等. 供给侧改革视域下高校优秀传统文化教育研究 [J]. 学校党建与思想教育，2018，(2)：60-62，74.
[②] 宋俊华. 基于供给侧结构性改革的非遗保护机制创新 [J]. 文化遗产，2016 (4)：57-64，158.

侧结构性改革相关理论和少数民族特色村寨传统体育文化发展的实践经验，少数民族特色村寨传统体育文化融合发展的供给主体，主要包括供给主体的要素配置和要素质量。

(一) 主体要素配置

所谓主体要素配置，就是指供给主体的要素组成，即由哪些主体（个人或群体）来构成。通常而言，"供给端"总是相对于"需求端"而存在的，在少数民族特色村寨，从供给与需求的全面角度来研究少数民族传统体育的融合发展问题时，本研究认为主要存在着两类性质不同的供给与需求问题。第一类是以追求经济效益为主要目标的，因而具有经济活动性质的供给与需求问题；第二类是以追求文化传承效益和社会效益为主要目标的，因而具有社会公共服务性质的供给与需求问题。

在第一类问题中，少数民族传统体育往往被作为一种拉动旅游业发展，从而争取更好经济效益的重要文化资源在大型景区或是乡村旅游中出现。在这种供给与需求关系中，显然供给路径和供给方式是旅游接待中的表演展示，供给的对象主要是游客，供给的主要目的是吸引游客，从而促进旅游业的发展，以提高景区和乡村旅游点的经济收入。在这种供给与需求关系中，如果在大型景区组织的少数民族传统体育的表演活动，供给的主体往往是地方政府或是景区的管理或经营部门。如果是在乡村旅游中，则供给主体往往是乡村管理层。而供给内容则不管是在大型景区的表演中还是在乡村旅游的表演中，都是把少数民族传统体育经过一定程度的改造而作为表演内容，以满足游客求奇求新的文化旅游需求。

在第二类问题中，因为其突出的追求文化效益和社会效益的公共服务性质，决定了在这种供求关系中，供给的主体往往是政府职能部门、基层政府或村寨内各种社会组织，而供给的最为主要的对象就是少数民族村寨中广大的村民。供给的路径、方式及内容，主要是通过基层政府或村寨组织为村民更多地参与本民族传统体育活动而提供更多的机会，更好的条件，以及更多方面的组织、领导和支持，使广大村民能更方便、有更多机会参与本民族的传统体育活动。如在武陵山区大多数少数民族村寨中，村寨内的各种相关组织、寨老等，总是尽力按本民族长期的传统习惯，每年按时或根据情况需要而组织本村寨的节庆活动、民俗活动和本村寨民族的大聚会活动，并在这些活动中，一方面将本民族传统体育作为活动的必不可少的内容，并为传统体育顺利而有效地开展提供力所能及的条件和支

第七章 供给侧结构性改革：我国少数民族特色村寨传统体育文化融合发展的路径设计

持。如贵州省民族宗教事务委员会政府职能部门，多年形成制度地拨付专项资金，用于支持部分少数民族地区、少数民族村寨开展本民族的节庆、民俗等传统文化活动，提升了供给的质量与效益，一定程度地促进了少数民族传统体育的传承和发展。

特别是中华人民共和国成立以来，我国传统体育文化的管理体制依然遵循的是政府主导下的"举国体制"，资金、政策、管理等全部由政府负责，政府成为了主导型角色，这在很大程度上促进了传统体育文化保护与发展的组织性、目标性和计划性，促进了传统体育文化的保护与发展。但是，随着改革开放和社会主义市场经济深入发展带来新的社会经济环境变迁，原有的政府主导型管理体制模式已经在很大程度上不适应甚至是阻碍了新时代、新时期传统体育文化在村寨建设中的融合发展。这一是传统体育文化的融合发展本应该是多元的、创新的，但常常是政府决策，缺乏群众特别是在决策上的有效参与；二是政府管理者的思想僵化，不愿意、不敢对原有体制进行革新，常常为了求稳以及一些利益问题而因循守旧，不愿意放权、不愿意让位，这在一定程度上影响了传统体育文化融合发展耗散结构的形成。因此，要使传统体育文化融合发展系统远离平衡态，变革与创新政府的全能型管理模式势在必行，政府应该向"购买服务"和"主导管理"的职责和角色转变，将一部分权力、利益和地位让渡给市场、企业、社团、居民，让传统体育文化的融合发展更加具有灵活性、自由度。

同时，根据自组织理论，传统体育文化融合发展形成耗散结构和向更高级的有序状态发展的根本动因，是广大参与者自身的需求以及由此而产生的自觉性、自发性行为，而并非外在因素强有力的干预及影响。首先，应该积极促进和引导特别是当地居民的参与，让"被动"变为"主动"、让"无为"变为"有为"，充分调动他们在传统体育文化融合发展中的能动性、主动性、积极性和自觉性，让他们真正享受传统体育文化带来的乐趣、自信、尊重等[1]。其次，应该让当地居民有一个合理的本位。其实他们所谓的自主、自由并不是一种放任自由、无拘无束，而是在符合现代社会治理、文明标准和道德准则前提下的一种具有自我约束性的社会行动。他们也愿意并希望得到政府、社会的管理、帮助和支持。

因此，传统体育文化的融合发展应该由这个文化的主人来做主，要遵循本民族人的自觉选择和主动调适。传统体育文化的融合发展应该保护什么、发展什

---

[1] 陈晓利. 基于自组织理论的我国全民健身事业的可持续发展研究 [D]. 济南：山东大学，2012.

么、传承什么、融合什么,以及如何保护、如何发展、如何传承、如何融合应该由本族人民说了算。因为只有他们才知道什么是适合的,什么是不适合的,什么是必须要的,什么是不需要的,什么是拥有的,什么是稀缺的。只有这样族民才会投入一种真正的民族情感和民族情怀。但也不能缺乏政府的监管和支持,以及社会资金、智力等支持,而且要防止弄巧成拙,防止失真。特别是传统体育文化的真正生息之地还是民间,喧嚣的城市和现代化社区,并不具备传统体育文化生息的环境和条件。可以说,传统体育文化也是一种历史久远、深深根植于民间的一种草根文化,民间才是民族传统体育能够真正保护与发展的土壤和环境,离开民间环境势必将缺乏生存的根基和土壤,将断"根"缺"养"。

鉴于此,本书认为少数民族特色村寨传统体育文化融合发展的主体应是政府(区县、乡镇)、民间(村委会、当地居民、传承人)、社会(企业、团体、个人),整体上形成"政府主导、民间主流、社会参与"的主体联合供给格局。同时,三者之间存在着一种紧密的任务——利益相关,他们在传统体育文化的融合发展中以保护、开发和传承民族传统体育为任务,从而占据着利益诉求的核心地位和利益获取的直接效应,掌握着传统体育文化融合发展的命脉并获取自己的利益。其中,政府部门主要是基于责任与服务意识,保护与宣传地方传统体育文化,促进社会和谐和村寨经济发展;村委会基于责任、服务和主人翁意识,起着纽带、中介、组织、管理等作用,获得上级政府和村民的认可与尊重,传承保护村寨传统体育文化,发展村寨特色产业,促进寨民团结和睦,丰富村寨文娱生活;传承人的利益诉求或者行动诉求是想对村寨传统体育文化的保护传承与规范管理,营造和维护村寨民族文化氛围,加强村寨传统体育文化设施建设,改善村寨经济状况,赢得社会重视与尊重,以及获得村寨传统体育文化保护事务的参与权;当地居民是想提高经济收入,得到就业机会,改善生活条件和生活环境,展示民族自信,丰富文化生活,以及在村寨传统体育文化保护传承中的参与权、决策权,获得主人公地位;社会企业(团体、个人)主要是获取经济收益,保护传统体育文化遗产资源及遗产地(物)的可持续发展与开发利用,提升社会知名度[①]。

---

① 陈炜. 广西少数民族特色村寨非物质文化遗产传承影响因素——基于利益相关者理论 [J]. 社会科学家,2017(1):96-102.

第七章　供给侧结构性改革：我国少数民族特色村寨传统体育文化融合发展的路径设计

（二）主体要素质量

主体要素质量即主体要素的优劣。就少数民族特色村寨传统体育文化融合发展的供给主体质量而言，主要是指政府（区县、乡镇）、民间（村委会、当地居民、传承人）、社会（企业、团体、个人），在对传统体育文化融合发展上所具有的意识、思想、观念、认知、经验、理论、视野，以及态度、作风、服务等的优劣程度，这些要素水平或者说优劣程度在很大程度上决定着供给主体的行动决策、行动质量和行动效应。少数民族特色村寨传统体育文化融合发展的目的是否明确、目标是否精准、规划是否科学、渠道是否畅通、方式是否可行、路径是否有效等，都主要取决于供给主体在诸如意识、思想、观念、认知、经验、理论、视野，以及态度、作风、服务水平等方面上优劣、高低、好坏程度。不言而喻，要提高少数民族特色村寨传统体育文化融合发展的供给质量和效应，必须提高主体诸如意识、思想、观念、认知、经验、理论、视野，以及态度、作风、服务的水平与质量。

二、供给技术

少数民族特色村寨传统体育文化的融合发展，最关键、最核心的问题就是怎么"做"的问题，即传统体育的融合发展应采取或借助什么方式、什么方法、什么途径、什么载体、什么平台、什么机制等的问题。归结为一点，就是一个供给技术的问题。传统体育与村寨建设的融合发展，每一项活动的组织与设计、每一项技术的开发与运用，都是一项系统的技术工程。技术是驱使传统体育文化融合发展的重要条件，社会也无不如此，每一次技术革新或革命都将极大地推动社会的发展，社会的发展也需要技术的不断革新来提供源动力，进而不断打破原有的平衡而持续趋向新的高度。技术越先进、质量越高、内容越丰富、渠道越畅通、运用越精准、方式越便捷、效率越快速，才能够更有效地促进传统体育与村寨建设的有序融合发展。

所谓技术，是指人类在利用自然和改造自然的过程中积累起来并在生产劳动中体现出来的经验和知识，也泛指其他操作方面的技巧。因此，这里所说的技术，主要是指人们在利用和促进传统体育与少数民族特色村寨建设的融合发展过程中所积累起来的一些经验和知识，以及在操作方面所形成的一些技巧、方法。同样，供给技术包括技术要素配置和技术要素质量。

(一) 技术要素配置

供给技术要素配置，即供给技术的要素组成。就一般性而言，传统体育融合发展的技术结构包括传统体育文化的保护技术、传承技术、开发技术、利用技术、转化技术等。就本研究而言，主要是指传统体育文化融合发展在促进少数民族特色村寨政治、经济、社会、文化、生态文明建设即"五位一体"总体布局充分协同上的技术，以及促进少数民族特色村寨保护与发展相互协调、传统与现代相互融合上的技术。而在这些技术结构中，都较为普遍地包含着传统体育文化的保护技术、传承技术、开发技术、利用技术、转化技术等。

以上这些技术要素，是少数民族特色村寨传统体育融合发展的内在要求和根本方法，缺乏任一技术环节或要素都可能影响传统体育融合发展的质量和效应，进而在一定程度上影响少数民族特色村寨的可持续发展，以及传统体育文化的有效保护与传承。

(二) 技术要素质量

技术要素质量，是指传统体育文化融合发展技术的优劣程度。技术越先进、越高超、越科学、越合理、越精准，或者说传统体育文化融合发展的经验水平、知识水平、技巧水平越高，就越能够促进少数民族特色村寨传统体育的融合发展，就越有可能发挥传统体育在促进少数民族特色村寨"五位一体"总体布局充分协同、保护与发展充分协调、传统与现代充分融合上的融合发展质量与效应。最终促进少数民族特色村寨的可持续发展，以及传统体育文化的有效保护与传承。

三、供给产品

少数民族特色村寨传统体育文化的融合发展，还有一个最为关键、核心的问题，就是一个供给什么的问题，或者说以什么样的形态、内容来供给少数民族特色村寨建设的问题。说到底，就是一个供给产品的问题。所谓产品，从字面意义上讲，是指生产出来的物质或物态产品。传统体育在少数民族特色村寨的融合发展，其实也是传统体育文化在少数民族特色村寨建设中的一种生产过程。在这种生产过程中，传统体育文化必然会以一些特定的形态、内容，甚至是价值、功能等产品形式或形态呈现在少数民族特色村寨建设中，从而作用于少数民族特色村

第七章　供给侧结构性改革：我国少数民族特色村寨传统体育文化融合发展的路径设计

寨的可持续发展，作用于少数民族特色村寨"五位一体"总体布局的充分协同、保护与发展的充分协调、传统与现代的充分融合。同理，供给产品包括产品要素配置和产品要素质量。

（一）产品要素配置

产品可分为有形产品和无形产品。同理，传统体育文化融合发展的供给产品同样可分为有形产品和无形产品，或者说物质文化产品、精神文化产品、制度文化产品、行为文化产品，而这些产品又转化为或表现为促进少数民族特色村寨"五位一体"总体布局充分协同、保护与发展充分协调、传统与现代充分融合的价值产品、作用产品、功能产品。这些产品既是少数民族特色村寨建设所需要的，又是传统体育文化生存与发展、保护与传承的重要载体。

1. 物质文化产品

顾名思义，是指以某种可观、可视的物质文化形态出现的产品。就传统体育文化融合发展的物质文化产品而言，用于传统体育文化活动的器物、道具、音乐、唱词、服饰，以及与传统体育文化相关联、相依存的山、石、树、土、气候、古建筑、古民居、古文物、古遗址等自然物，都是民族传统体育融合发展的重要物品，而这些物质产品，不仅是原先所存在、所依存、所遗留的，还包括伴随着传统体育文化保护与发展所挖掘、抢救出来的一些物质产品。所有这些产品，都不仅反映民族传统体育自身所蕴含的人文意蕴、文化特质，同时也反映出少数民族特色村寨丰富、深邃、厚重的历史肌理与文化内涵，在促进少数民族特色村寨保护与发展充分协调、传统与现代充分融合上发挥出必要而特殊的作用。

如古村落是中国古代农村居民特别是少数民族群居的一种主要形式，是一定的居民按照血脉、信仰为关系集聚形成的一个族群社会单位，村落所具有的聚居功能为传统体育的形成与发展形成一种向心力，使民间传统体育活动可以获得更多族众的认同，从而促进村寨族群和谐[1]。也因为这种村落的存在，才使得人们得以聚居和聚集，便于共同文化的产生及活动的组织和参与。从认知和研究少数民族村寨而言，古村落、古建筑、遗址、物态、饰品等，都可能会反映出人们已

---

[1] 张萍，王溯，胡小明.少数民族传统社会组织与发展村寨传统体育的关系——广西南丹白裤瑶"油锅"组织的体育人类学考察［J］.体育与科学，2012（1）：31-34.

经看不见的过去村寨概貌与特征。人们可以通过古村落、古建筑、遗址、物态、饰品等及各种图文资料，在里面进行村寨概貌与特征的解读，去发现村寨过去生存与发展的方式，促进人们对村寨的归属感、认同感。

如河湾村祠堂和摆手舞活动是相通的。祠堂是一个姓氏的宗祠，是以前族人在里面进行祭祀、议事、制定族规的地方，族人在祠堂里举行的宗教活动都要跳摆手舞，所以祠堂也是族人常跳摆手舞的地方。祠堂里安放神祖牌位，体现了一个尽孝和祭祀的主要民族道德。再如村寨里的民居吊脚楼、摆手堂、祠堂、寺庙、河湾山寨等，都与摆手舞的产生与发展具有一定的关系。特别是河湾山寨、摆手堂与摆手舞的产生与发展关系紧密。河湾村建筑以土家族穿斗房、吊脚楼和祠堂群为特色，其中祠堂则是跳摆手舞的主要场所。石板街、码头、小河坎、邱家拐、禹王宫、水井旁、高碑脚等地名，以及青瓦白墙、飞阁吊楼等，以及河湾山寨的民风习俗、建筑样式、青石板街道、街名码头、山歌民歌等，烘托出后溪古镇厚重、古朴的民族文化气息，给村寨文化增添了不少色彩。所以在保护摆手舞的过程中保护好这些古建筑及原始音乐、道具、乐器、服饰、图像等，对保护民族村寨很有意义和必要，能够让土家后人看到自己先民是一个怎么样的情况，特别是对村寨的延续会起到很好的保护作用，是村寨发展一个非常必要的物的见证，是反映村寨及民族历史根源的重要载体。

例如摆手堂，既是土家儿女常年跳摆手舞或举办摆手舞活动的重要地方，也是反映和凝聚土家文化的符号标志，凝聚着河湾村寨尤其是摆手舞的主要文化基因，可以从中解读到很多关于河湾村寨文化元素，承载着维系民族团结、彰显民族文化、教育世代居民的重要功能。摆手堂的存在，是河湾村寨文化得以自信自美及与外来文化抗争的中坚力量，是演绎和叙述河湾村寨文化的集中场所。在现代文化和西方文化侵袭力和吸引力如此强大的今天，河湾村寨至今保留着原汁原味的摆手舞，河湾村寨能够被国家民委命名为少数民族特色村寨，这其中摆手堂的存在无疑起着非常重要的作用。通过与当地居民的访谈，他们对摆手堂有一种格外的自信和亲情，他们以摆手堂而自豪，都说是自己的祖先们留下来的，他们还都以摆手堂为证来否定其他地方的摆手舞起源说。在这样强大的文化心理和民族认同的作用和境界中，人们固然对外界文化的吸收和接纳会显得格外谨慎，摆手舞文化自然就会得到后人的认同、珍惜和坚守。

第七章　供给侧结构性改革：我国少数民族特色村寨传统体育文化融合发展的路径设计

河湾村摆手堂内外景

2. 精神文化产品

传统体育文化融合发展的精神文化产品，是指人们在日常生活中对传统体育文化总结出的经验理论，包括伦理、道德、美感、品质等的真、善、美。就少数民族村寨中的传统体育精神文化产品而言，代表着村寨里一定民族的精神、思想、观念，反映着一定民族的思维方式、价值取向、伦理观念、心理状态、理想人格、审美情趣；同时，孕育着一定民族的精神家园，决定着一个民族的精神状态、精神生活、精神本质，是一个民族的精神食粮[1]。或者说，精神产品是指村寨里一定民族群体或个体所普遍形成的价值观念、道德规范、心理素质、精神面貌、行为准则、生存哲学、审美观念等[2]。当然，精神产品还是一种社会规范，对一定民族的行为、心理、思想、品质，以及世界观、人生观、价值观等具有特殊的价值导向、精神源泉、民族凝聚的功能属性。不言而喻，传统体育文化所具有的这些精神文化产品，正是少数民族特色村寨建设所需要的重要源泉，是少数民族特色村寨得以存在的必要要素。

同时，传统体育精神文化是村寨空间中社会共同体公有的价值观念、伦理道德、思维方式、行为准则，承载着特定村寨中民族群体集体记忆的维持和民族身份认同的社会功能。研究表明，一个传统体育的活动方式完全体现了一个民族的精神。比如在传统体育中绝大多数项目没有竞争关系，不以胜负论英雄，而且不以竞争为手段来促进这个体育活动的开展，大部分传统体育讲究的是大家在一起玩得高兴，聚集在一起做相同或不相同的动作，手舞足蹈，通过身体活动愉悦身

---
[1]曾丽雅. 关于建构中华民族当代精神文化的思考 [J]. 江西社会科学, 2002 (10): 83-88.
[2]世杰. 十年磨一剑——中信实业银行沈阳分行企业文化建设探秘 [J]. 辽宁经济, 2005 (9): 66-67.

心,追求群体欢乐和个人欢乐。这说明创造和传承传统体育项目的这些民族,他们的民族精神上有一个重要的特点,就是追求群体和谐,追求这个民族内部的所有人团结一致,追求这个民族通过这种活动来促进内部的团结,让本民族的每一个个体都获得最大的欢乐。

3. 制度文化产品

制度文化是人类因自身的生存、发展需要而主动创制出来的有组织的规范体系,是人类在生产生活过程中所形成的各种社会关系的总和,诸如行政管理、人才选拔、法律法规、民间礼俗等。制度文化在协调个人、群体、社会三者之间的关系方面起着不可或缺的作用。就传统体育文化而言,传统体育文化蕴含着各种成文的、习惯的行为模式与行为规范,凝聚着特定民族群体的智慧、思想、伦理、道德,并通过和借助各种特定的实践活动的延续而世代相传,伴随着特定历史的演化产生或选择而成为一定民族群体的传统、习惯、经验、知识等文化成就和传统观念。民族传统体育制度文化因地域、民族、历史、风俗的不同而异彩纷呈,具有多样性,是一个自生自发并反映着特定民族群体价值观念、伦理道德、风俗习惯等的规范文化。少数民族特色村寨的建设与发展,必须依赖一个良性有效的规范秩序,而这种规范秩序在很大程度上靠村寨制度文化才能达到,其中就包含民族传统体育所蕴含的制度文化。

传统体育制度文化与村寨内的民族风俗、信仰、礼仪、节庆,以及人们的生产方式、生活习惯等相互相存、互为融入。研究表明,传统体育主要靠与村寨里的宗教活动、民俗活动交织在一起而发展。在远古时代,宗教文化、民俗文化为传统体育的发展营造了一种氛围,通过这种制度文化把本村寨的人聚集在一起展开活动。同时,传统体育本身的运动方式、活动方式等等的选择,又要受到这些风俗、信仰、礼仪、节日等因素的制约,这个民族的人就是在本民族风俗、信仰、礼仪、节日等制度框架支配下去创造体育活动方式。如果没有这些传统的民俗活动,没有宗教活动,没有这些活动把这些老百姓组织在一起,传统体育几乎难以生存与发展。

最为关键的是,传统体育不但借这种宗教民俗活动会利于开展,而且由于传统体育的存在给村寨里的宗教活动、民俗活动带来了乐趣,致使人们愿意去参加。宗教活动和民俗活动也借助于传统体育使活动本身而具有强大的吸引力,传统体育成为这一民族风俗、信仰、礼仪、节日等文化得以传承的载体。传统体育在它本身生存与发展的过程当中作为多种文化的载体而存在，很多民族文化的生存与发展又要借助传统体育文化的存在才能有效传承。不难理解，少数民族特色村寨传统体育文化的融合发展，必然要求与传统体育文化生息相依的风俗、信仰、礼仪、节日，以及人们的生产方式、生活习惯等一同进行保护与发展，这些民俗文化活动也必将得到极大的恢复和唤醒。

而这些民俗文化活动也正是少数民族特色村寨得以存在的重要基础和决定因素。如在《国家民委关于命名首批中国少数民族特色村寨的通知》（民委发〔2014〕190号）中，就指出"民居特色突出、产业支撑有力、民族文化浓郁、人居环境优美、民族关系和谐的少数民族特色村寨，对推动少数民族特色村寨的保护与发展工作起到重要的示范带动作用"；在《少数民族特色村寨保护与发展规划纲要（2011—2015年）》中，指出"少数民族特色村寨是指少数民族人口相对聚居，且比例较高，生产生活功能较为完备，少数民族文化特征及其聚落特征明显的自然村或行政村"，并在指导思想、基本原则和发展目标上，都强调对民族文化的保护和传承。

不难发现，以上这些民俗制度文化对少数民族特色村寨的存在与发展具有重要作用。因此，传统体育融合发展所依恋的制度文化产品，是少数民族特色村寨传统体育文化融合发展的必要要素。

4. 行为文化产品

少数民族特色村寨传统体育文化融合发展的行为文化产品，是人们在日常生活中表现出来的对传统体育文化的特定行为方式和行为结果的积淀，是人们对传统体育文化的所作所为的具体表现，体现着人们对传统体育文化的价值、观念、行为等的熏陶、约束和导向。少数民族特色村寨传统体育文化融合发展的行为文化产品，首当其冲的应该是传统体育的文化活动内容和活动形式。少数民族特色村寨传统体育文化的融合发展，最为关键、最为核心、最为基础的，就是得有传统体育文化活动本身的存在，能够以一定的内容、形式活态地呈现在村寨中，并且是让村寨居民能够普遍参与、接受并认同的。

《国家民委关于印发少数民族特色村寨保护与发展规划纲要（2011—2015年）的通知》中强调，要重点抓好民族文化的活态传承，鼓励、引导村民将民族语言、歌舞、生产技术和工艺、节日庆典、婚丧习俗融入日常生活，活态展示民风、民俗，传承民族记忆；鼓励民族文化进校园、进课堂，鼓励少数民族文化工作者和社会各界人士参与村寨文化建设和群众文化活动；积极搭建群众性文化活动平台，鼓励村民开展对歌、跳民族舞蹈、举办节日庆典活动等文化活动，丰富群众业余文化生活，增强乡村民族旅游的文化特色和吸引力；支持群众创办具有当地特色的文化团体、表演队伍，精心培育根植群众、服务群众的民族文化活动载体和文化样式。不难发现，这些要求都体现和强调了对民族文化活动的活态开展。为此，借助各种传统节日、习俗，以及现代文娱、健身、旅游等活动，广泛开展村寨传统体育文化活动，让传统体育文化在村寨中活起来，与村寨里人们的生活、健身、娱乐等需求相结合起来，顺应了少数民族特色村寨建设要求和精神，是少数民族特色村寨建设内容与要求的重要体现和生动实践。

事实上，传统体育文化的活态演绎，不仅是指活态展现的动作内容、动作形式，还包括活动开展的场域、场所、地点，因为即使同一个传统体育项目在不同的场域、场所、地点所展演而折射出来的内涵、韵味、价值与功能是不同的。如摆手舞在舍巴日（摆手节）、摆手堂举行和在一个任意时间、任意地点、任意场合开展所折射及彰显出来的内涵、韵味、价值、特征、功能是截然不同的，只有在舍巴日、摆手堂（爵主宫）、祠堂等跳的摆手舞，才能够真正彰显出摆手舞文化的民族性、传统性，才能够烘托出村寨及文化所具有的厚重性、民族性、传统性。

其次，行为文化产品还主要体现在人们的行为上，而这个行为是人们在通过传统体育文化活动的参与、认知中所形成的一种素养、精神、境界、心理、认知、习惯等，进而通过一定的行为表现出来，体现出人们的文明度、开放度。同样，国家民委关于印发《少数民族特色村寨保护与发展规划纲要（2011—2015年）》强调，少数民族特色村寨建设要以民族团结进步创建活动为载体，增进各民族交流交往，构建和谐村寨，民族关系更加和谐为指导思想；以农村基层组织的战斗堡垒作用进一步发挥，农村民主管理规范有序，经常开展民族团结进步创建活动，以民族团结进步示范创建为载体的活动形式不断深入，各民族相处更加和睦为发展目标；以充分利用少数民族传统节日开展创建活动，采取文艺演出、体育竞技等多种形式，促进各民族交流、了解和团结，把民族团结的内容纳入村规民约、文明家庭和文明村民评选标准，增强各族群众珍惜和维护民族团结的自觉性为主要任务。

毫无疑问，传统体育文化活动的开展，能够规范人们的行为文明、美化人们的行为心灵、滋养人们的行为品德、教化人们的行为秩序。事实上，传统体育本

第七章 供给侧结构性改革：我国少数民族特色村寨传统体育文化融合发展的路径设计

身就是一部既严谨又活跃、既丰富又细微的习惯法，是特定民族通过长期的历史积淀而自然形成一种不成文而胜似成文的一部村规民约，影响和促进村寨居民的文明行为，而这种行为又恰恰是少数民族特色村寨建设所需要的，是充分彰显少数民族特色村寨文明与文化的重要因素。少数民族特色村寨建设得好与不好，其中一个既隐性又显性的指标，就是人们的行为文明度、开放度、交往度。如果说通过传统体育文化活动的开展，使人们的行为变得更加文明、开放，或者在传统体育文化活动的开展中，注重引领、培养和启发人们在行为上更加文明、开放，说明少数民族特色村寨传统体育文化的融合发展是正向的、积极的、健康的；相反，则是欠缺的、不足的。也因此，传统体育文化的融合发展，要引领、强化和彰显人们的文明行为。

（二）产品要素质量

供给产品要素质量即供给产品要素的优劣。就少数民族特色村寨传统体育文化融合发展的供给产品质量而言，是指传统体育文化在融合发展中所表现出来的物质文化产品、精神文化产品、制度文化产品、行为文化产品的优劣。少数民族特色村寨传统体育文化融合发展得如何，主要取决于这些产品好不好、优不优。同时，这些产品质量也是彰显少数民族特色村寨建设质量的重要参考指标，是少数民族特色村寨建设的根本要求、重要内容和重要体现。少数民族特色村寨建设的重要任务，就是要促进以上这些产品质量的提升，通过这些产品来反映少数民族特色村寨建设的内涵、成就和水平。当然，以上这些产品的优劣，也是反映和验证传统体育文化融合发展质量与效果的重要参考和评判的内容、依据与标准。

四、供给资金

少数民族特色村寨传统体育文化融合发展，其实质就是围绕传统体育文化保护、传承、开发与利用等所开展、进行的一系列工程，包括村寨道路、水、电等基础设施建设，场地的修建，器材、设备的购买与制作，活动的组织、交流与推广，技术开发，以及各种人力指导费、培训费、服务费、劳务费等。这些都需要一定的资金作为基础和保障。资金输入和使用的量越大、周期越快、渠道越畅通、效率越高，说明系统越开放，越有利于促进传统体育文化的融合发展。

就目前而言，传统体育与村寨建设融合发展的外部资金绝大部分是靠政府提供和购买，有小部分是由社会、企业资助和赞助。但资金的输入对传统体育与村寨融合发展自组织的影响不仅取决于以上这些要素,还取决于资金的用途,如果用途不当,即使量足够大,也不能够激励传统体育与村寨融合发展自组织的产生。譬如,河湾村摆手舞与村寨经济建设的融合发展上,就将摆手舞开发成为村寨里的旅游文化资源,常年向游客开展摆手舞活动表演,以此吸引游客,搞活河湾村旅游经济。地方政府为了能够使更多的游客前往欣赏和消费,于是就在摆手舞活动表演技术上投入了大量的资金进行开发。特别是投入大量的资金用于公路建设,保证游客出入村寨安全、便捷、通畅。

(一) 资金要素配置

所谓资金要素配置,主要是指资金来源结构和资金分配结构。资金来源主要包括政府(部门)资金、村民自筹(自治)资金、社会资金等。就资金来源而言,无论是传统体育保护还是村寨建设,其资金主渠道还是地方政府,主要依靠如城建、民委、文化委等政府部门拨款;在旅游景区则主要是靠社会企业即社会资金;在农家乐、村寨院坝、广场开展的传统体育活动主要是靠村民自筹。在资金分配上,可以分为基础设施建设资金、活动技术研发资金、活动现场开展资金、活动传承培训资金、项目资料集成制作资金等。

就本研究而言,资金的分配主要包括村寨基础设施建设资金,以及传统体育文化挖掘、收集、整理与活动开展等资金。但就目前而言,主要用于基础设施建设和活动现场表演,真正用于传统体育文化保护方面的资金还非常有限,很多地方将传统体育文化保护专项资金全部用于村寨公路、水、电、通信等基础设施建设,主要考虑的还是村寨建设。

(二) 资金供给质量

资金供给质量主要是指资金供给、资金分配和资金使用的效率。资金供给质量,在很大程度上决定着少数民族特色村寨传统体育文化融合发展能否顺利运行。衡量资金供给质量主要有两个指标,供给资金的有效性和充分性。供给资金的有效性,就是要保证少数民族特色村寨传统体育文化融合发展资金的高效率供给和使用;供给资金的充分性,就是要保证有充足的资金来满足少数民族特色村寨传统体育文化融合发展的正常运行需求。

第三节 供给侧结构性改革的问题基点

一、供给主体

(一) "政府主导、民间主流、社会参与"的供给格局并未真正形成

根据前面的分析，少数民族特色村寨传统体育文化融合发展的供给主体，应该是一种"政府主导、民间主流、社会参与"的主体联合供给格局。自中华人民共和国成立以来，我国少数民族村寨传统体育文化的保护、传承与发展就主要依靠政府单方面来决策和执行，政府是决策和执行的绝对主体。长期以来，政府自上而下的决策机制，资源配置的失灵性、有限性，权力的过于集中等，在很大程度上制约着传统体育在内的公共文化服务需求与发展。时至今日，虽然人们甚至包括政府自身都用很大的声音呼吁政府转变职能，充分发挥社会、市场、民间主体的作用，但政府没有给予社会、市场、民间主体应有或足够的生发和成长空间，供给主体依旧是政府为主，市场、社会和民间参与的多元主体格局还没有形成。

就少数民族特色村寨而言，由于村寨自身旅游资源的局限性，导致很难形成市场主体，因为传统体育文化的开发在经济开发中只能作为一种附加值产品，很难形成一种主流产品，为此对商家的吸引力还远不能够产生。但是，社会团体和民间组织在村寨传统文化的保护与发展中起着举足轻重的作用，从理论上讲，也有着强大的自发空间。但长期以来，由于我国乡村是一种政府集中管理，民间社团没有生发成长的空间和机制，因此民间、社会主体始终处于边缘、被动地位，作用没有被政府所充分重视、利用、鼓励和支持，以至于作用没有充分得到发挥。虽然近年来随着政府向服务型转变，但政府针对民间、社会的购买意识不强、力度不够，没有给民间和社会足够的空间与活力，特别是在基础设施保障方面还普遍欠缺，很难激发民间、社会主体的参与意愿和投入意愿。

因此，就目前而言，政府、民间和社会三者之间并没有在一定的机制体系、制度框架里形成有序的联系。三者之间常常是各行其是、各自为政，甚至在某些利益的驱使下相互矛盾、相互不支持。比如，在采访中当地政府部门人员就反映到，在迎接上级领导检查时，如果给当地居民劳务费，则他们会表演得积极，如果没有劳务费，不但人们跳得不积极，更有甚者干脆拒绝、讨价还价，还公开说

与其无关，是政府的事。不难发现，政府、民间、社会三者之间缺乏共识、缺乏纽带、缺乏联系、缺乏有序，三者之间没有形成有效和有序的合力，没有能够形成真正意义上的利益共同体、发展共同体、供给共同体。特别是特色村寨的文化主体——村民无法参与其中，政府主体与村民主体错位，不能激发村民主体发展、创新、创造的积极性，造成村民主体的漠然态度与尴尬局面。

更为甚者，由于各主体在意识、思想、观念、认知、经验、理论、视野等方面的不足或差异，相互间产生一些不正当的竞争关系，甚至利益冲突。这是因为，政府及社会企业（团体、个人）处于供给主体的"强势"地位，他们掌握着供给的决定权，而传承人和当地居民处于"弱势"地位，常常处于政府、社会企业（团体、个人）支配、利用的地位，导致传承人和当地居民被动地成为当前村寨传统体育文化保护与传承活动的单纯经济利益追随者。但在很多情况下，由于政府和企业并没有最大限度地满足传承人和当地居民的经济利益诉求，传承人和当地居民在传统体育文化的保护与发展中没有得到预期的效益，导致二者之间出现了冲突与矛盾，这对少数民族特色村寨传统体育文化的融合发展产生了诸多消极影响①。而村委会处于中间层面，他们一方面要接受上级政府的支配与管理，同时要代政府履行一定的组织、管理任务，负责政府文件精神的传达与落实；另一方面又要代居民百姓将意见与诉求反馈与表达给地方政府。长期以来，有关政府及部门不重视这一原则，以自身意愿和利益行事，把居民、社会群体或组织意愿置之度外，导致居民和社会群体或组织保护地位的被动和缺位，特别是居民百姓的真实意愿常常得不到合理表达，一些好的诉求得不到政府的承诺，政府及有关部门成为了"主宰者"。当然，也不能够完全按照居民、社会群体或组织意愿进行保护和开发，需要政府发挥主导作用，其中也包括监督和管理。

因此，随着社会的发展，这种高度的政府集中管理制度呈现出诸多与社会发展不相适应的地方，政府主体机制在乡村包括民族村寨的建设发展中所发挥的作用、所处的地位需要发生相应的改变。需要政府主体转变职能、转变角色、转变方式，需要政府在权力、利益分配方式上进行让渡、转变和调整，应该由政府垄断、政府包办向政府主导、政府购买、政府服务的方式上转变，将部分权利让渡

---

① 陈炜. 广西少数民族特色村寨非物质文化遗产传承影响因素——基于利益相关者理论［J］. 社会科学家，2017（1）：96-102.

第七章　供给侧结构性改革：我国少数民族特色村寨传统体育文化融合发展的路径设计

给社会、民间来承担。应该充分培育、充分激活社会、市场、民间主体的成长空间和参与机制。

(二) 意识不到位，没有形成有效供给

供给主体是少数民族特色村寨传统体育文化融合发展的关键要素，只有这些供给主体形成充满活力、与时俱进、具有一定内生力的供给机制，才能够持续不断地促进传统体育文化的有效供给，不断满足和促进少数民族特色村寨的建设与发展需要。但现实情况下，由于我国少数民族村寨及传统体育文化保护的历史不长、经验不丰富、理论和方法体系不够完善和系统，所以整个供给主体在意识、思想、观念、认知、经验、理论、视野，以及态度、作风、服务上是不够理想的，在很大程度上制约着传统体育文化的有效、有序融合发展。特别是很多村寨居民在组织、参与的动机上不纯，以获取自己的利益为主要目的，他们看中的是带来的物质利益，就是在政府组织的活动中，他们常常会因为金钱利益而发生抵触。而政府以政绩为导向，以满足上级政府的需求为主要目的，以上级政府的任务考核清单为主要依据，是一种政绩性供给，结果造成无效供给，供给过剩与供给不足、供给错位与供给缺位并存。政府主体常常是根据申报特色村寨的条件或者说是按照特色村寨建设指标的政策性条件进行匹配式供给，而并未根据村寨自身实际发展或者说当地居民的意愿或需求进行保护与发展，少数民族特色村寨传统体育文化的融合发展仍旧是一种实实在在的政绩供给。

二、供给技术

(一) 缺乏系统性

如前所述，少数民族特色村寨传统体育文化的融合发展，从具体实践操作层面来讲，主要包括保护技术、传承技术、开发技术、利用技术、转化技术，而从具体任务指向层面来讲，主要包括促进特色村寨政治、经济、社会、文化和生态文明建设即"五位一体"总体布局充分协同、保护与发展充分协调、传统与现代充分融合的传统体育文化融合发展技术。虽然这几个技术有相互包含的内容和地方，但又可以说是一个比较专门的技术。但在实践中，却并没有对这几项技术进行系统性、针对性的实施，对什么是保护技术、什么是传承技术、什么是开发技术、什么是利用技术、什么是转化技术还不够类分、不够清晰，缺乏科学、系

— 101 —

统的优化与配置。因此，在促进特色村寨政治、经济、社会、文化和生态文明建设即"五位一体"总体布局充分协同、保护与发展充分协调、传统与现代充分融合的传统体育文化融合发展技术方面，就更缺乏针对性和系统性了，无论从对相关管理人员的访谈还是从相关管理文件中，以上这些技术分类都是非常空缺的、笼统的、含糊的。

(二) 缺乏创新性

主要表现在创新与守旧、传统与现代、保护与发展的协调上缺乏操作规范性、科学性，是一种为了增加传统体育文化事项的美誉度、新颖性而无原则性、无规范性地创新，没有顾及传统体育文化在保护与发展、传统与现代上的协调与融合。特别在改编过程中，改编者往往认为少数民族传统体育过于古朴、技术难度过低、现代元素欠缺，由此担心对游客的吸引力不强，从而较大幅度地抛弃其传统，不当且过多地引入某些现代元素，对少数民族传统体育进行大手术式改编。因此使进入表演活动的少数民族传统体育被不同程度地扭曲，以致少数民族传统体育古老的传统文化、宝贵的民族性特征不同程度地丢失，而且这种扭曲和丢失越是在大型景区的表演活动中情况越是严重。调查还发现，由于供给内容的改编不当，使最想欣赏少数民族古老传统文化的游客，反而对充满现代元素而欠缺传统特色的表演内容缺乏兴趣和认可，这无疑是降低了供给质量和供给效应。

(三) 缺乏对村寨生态的整体性保护

经济环境、生态环境、制度环境、文化环境、人口环境等是村寨传统体育生存发展的重要肌理。而长期以来，人们在实践中并没有意识到这一点，因此诸如与传统体育文化事象相关的以上要素常常被忽略，甚至是被破坏，最终导致传统体育文化在村寨中缺乏整体性、生态性，难以以有机的文化生态结构和文化势能融合发展于村寨建设中，显得孤立无援、孤芳自赏。如湖北来凤舍米湖村主要围绕原生态摆手舞进行了传统文化打造，但遗憾的是该村除了摆手舞以外几乎没有其他传统文化的身影，摆手舞及村寨似乎都显得极为单调乏力。特别是在村寨保护与发展、传统与现代的协调兼容上显得不够明显和合理。犹如如说："特别是在社会转型及社会过渡时期，各种欲望、情感和意识会不断地膨胀和涌现出来，使日常生活世界充满着、纠杂着各种新的感受和经验，各种不同的价值观、信仰、对生活的态度交织在一起，构成了极为复杂的生活图景。在这种复杂的生活世界

第七章　供给侧结构性改革：我国少数民族特色村寨传统体育文化融合发展的路径设计

中，人们原有的经验图式或解释图式在人们行动的筹划中力不从心。在意义解释处处不明、筹划屡屡受挫的情况下，各种疑虑、惊诧和犹疑便会油然而生。执行者的思想产生了迷惘，在各种可能性之间，行动的方向产生了抉择时的偏差。"①

三、供给产品

长期以来，无论是少数民族特色村寨建设还是传统体育文化的保护与发展，都普遍存在创新性不足的问题，创新也一直是少数民族特色村寨建设以及传统体育文化融合发展的重要话题。特别在实践中，人们一直以满足人们日益增长的传统体育文化需求为导向而开展传统体育文化活动，但由于现代社会文化的娱乐性、观赏性强，导致传统体育文化始终未能进入现代社会的主流，未能充分激活人们对传统体育文化的需要，再加上我国少数民族村寨传统体育的传承发展几乎都遭受到极大的"断继"摧残，人们对传统体育文化并不熟悉，甚至不知晓，更缺乏一定的实践经验和理论认知，所以始终未能开发出与现代文化相媲美的文化效果，传统体育在人们生活需求中的供给，始终处于低端、无效的状态。

质量是供给侧结构性改革的关键要素，少数民族特色村寨传统体育文化的融合发展，质量是先导、是根本、是目标、是统领。供给侧结构性改革，就是要通过提升和优化供给质量而促进供给效率。传统体育文化的融合发展，同样必须以质量为先，必须以更好的产品、更好的方式来刺激、满足村寨居民对传统体育文化消费、参与的需求。以质为先，除了能够提升产品消费外，还能够避免、减少资源浪费，避免对传统体育文化的生态破坏。传统体育文化的融合发展，其中一个重要目的，就是通过保护好传统体育文化，激发和满足人们对村寨认同感、归属感、幸福感和快乐感的需求。

但当前，特别是针对人们对美好生活的需求，总体还表现出开发利用不足、质量不高、效应不好等问题。传统体育文化资源的开发利用，有数量缺质量、有高原缺高峰、有特色缺品牌、有形式缺内涵，特别是缺乏从供给端进行谋划与发展。同时，长期以来，传统体育在村寨建设中处于被边缘的地步，总是在村寨文化中显得不伦不类，在村寨中的文化符号、价值贡献始终不被人们看好，甚至认为是封建的、落后的、低级趣味的，很少有人能够把传统体育文化与村寨的共生

---

① 郑国华，丁世勇. 当前部分少数民族地区传统体育失范与矫治——以富禄村、平安村为例 [J]. 武汉体育学院学报，2009，43（2）：35-38.

肌理，特别是村寨的现实发展相联系起来。

为此，少数民族特色村寨传统体育文化融合发展需要进行创新性发展，需要从过去的需求端发力向供给端发力转变，从传统体育文化融合发展的供给端出发，从而刺激和激发人们对传统体育文化的需求度，从供给质量出发提升需求品质，从而减少、避免传统体育融合发展中的低端供给、无效供给，提升供给质量与效率。通过提高传统体育文化融合发展的供给质量和效率，赋予人们对传统体育文化的价值感、幸福感和快乐感，才能激发起人们愿意参与传统体育活动，并努力保护与发展传统体育的活力和动力，实现少数民族特色村寨传统体育的可持续融合发展[1]。总体而言，少数民族特色村寨传统体育文化融合发展的供给产品主要存在如下不足[2]。

（一）物态文化保护供给的弱化和缺失

在调查中发现，即使在重庆、湖南等民族文化比较丰富且传承现状较好的一些传统村落，其自然生态环境也日渐被破坏。如新修公路铁路、安装通信设施设备、修建水池水库、新农村建设、民居修缮等，使得村寨很多山体被开采、森林被砍伐、植被被破坏、河流被污染、河床被开发、气候被污染，以及过度放牧等。特别是村寨中上百年的古树、"神树"被砍掉，一些林地被毁而换种经济作物等，在很大程度上影响了自然环境的原生性、地域性和传统性。另外，人们在保护传统体育时，并没有将自然环境的保护纳入保护的范围而引起足够的重视，人们只是对文化事项进行了保护，更多关注的是文化遗产事项的特征、价值、现状及发展等。这就导致传统体育文化遗产所在地域或村寨整体原生态环境保护被漠视，且被日渐破坏，传统体育也因此而失去了生存的土壤和气息[3]。

同时，古建筑、古遗址及文物资料没有得到相应的保护，尤其对古建筑的破坏最为明显。在2014年的全国政协十二届二次会议上，全国政协委员冯骥才就认为我国古村落正处于急速消失的过程中，他在接受一名中央电视台记者采访的时候说（通过视频录音整理）：我所关心的另外一个问题还是与传统村落有关系，国家领导人都在强调传统村落要保护好，可是现在有一个问题，就是我们中央很重视，提到了，但是我们下边的工作跟不上，我们底下没有动作，没有人做

---

[1] 徐勇.乡村文化振兴与文化供给侧改革[J].东南学术，2018（5）：132-137.
[2] 张世威.基于文化空间理论的体育非物质文化遗产保护研究[D].北京：北京体育大学，2014.
[3] 朱琳，刘礼国，徐烨.论我国少数民族传统体育文化遗产保护[J].体育与科学，2013（5）：78-82.

第七章　供给侧结构性改革：我国少数民族特色村寨传统体育文化融合发展的路径设计

这个事，我们天天喊那个村子要拆了，那个村子要没了，但是没有人做①。

由此看来，对传统村寨的保护还只是一种口号，实实在在的管理和监督行动严重缺失。同样，他也提到自己非常关心的传统文化保护问题。古村落、古建筑、古遗址等文物常常是传统体育的重要活动场所和信息携带媒介，这些文物的破坏和消失，将会导致村寨整体风貌、传统格局、民族范式等生态性的破坏，进而导致传统体育文化所赖以生存的文化空间被边缘化②，以及乡土味越来越淡③，势必影响传统体育文化的生存与发展。

以河湾村寨为例，自然环境破坏比较严重，特别是在 20 世纪 50 年代的大炼钢铁时期，三峿山上的狮栗子树、猴栗子树和镇上的黑栗子树被砍掉，山上的观音阁、土地庙、灵官庙、水府庙、水凫庙、白家官邸等被破坏。现在的三峿山显得极为荒凉，半山腰被修建了水厂，山脚下修起了民居楼，酉水河沿岸和水质也遭受到了破坏和污染，整个后溪的自然生态环境已经不具有明显的原生态特征和气息。土家人与三峿山的情怀似乎也在日渐淡漠，当问及当地居民与三峿山有什么关系时，极少有人能够说出那是土家人的圣山。虽然还幸存有白家祠堂、彭家祠堂等，但有的祠堂成为了当地政府的办公用房，或许正是因为政府办公这个祠堂才得以保留，但是作为医院办公的一个祠堂在不久前因为新修医院而被拆毁了。所以，现在人们也极为担忧政府办公用的祠堂会不会被改造、被拆掉，而另外一些民居祠堂和民居楼是一种"脏、乱、差、危"的现状。此外，很多古建筑由于酉水河下游新修电站导致水位上涨而成为了淹没区，面临着搬迁。因此，人们很是担心搬迁后不一定能够得到原貌保存，或许还会消失。同时，后溪摆手舞仍旧缺乏对文字、图像资料的记载、收集和整理。研究表明，传统摆手舞的鼓锣、道具已经不存在了，现在跳摆手舞所用的鼓锣都是乡政府买的，后溪摆手堂也仅成为一种摆设和研究者探究的一个物证而已④。

---

①中国文艺网—冯骥才：传统村落保护需要国家作为 [EB/OL]．(2014-03-03) [2014-08-01] http：// www. cflac. org. cn/wyds/spk/201403/t20140303_ 245889. html
②王卓，钱江，胡峰．民族传统体育国家级非物质文化遗产保护现状与发展对策研究 [J]．搏击（体育论坛），2011 (11)：92-94.
③张玉强，陈有忠．我国传统体育类非物质文化遗产保护研究述评 [J]．河北体育学院学报，2012 (5)：86-90.
④张世威．基于文化空间理论的体育非物质文化遗产保护研究 [D]．北京：北京体育大学，2014.

后溪白家祠堂内外景

(二) 文化本体保护供给的失范和弱化

文化本体主要指传统体育活动的动作内容和文化内涵。对于传统体育文化而言，动作内容和文化内涵是形意相连的，而这两个要素又是传统体育的重要文化要素。动作内容的失范必然会导致文化内涵的变化，不同的文化内涵取向就必然要求有相应的动作来进行展示和彰显。但由于很多传统体育资源被旅游经济绑架其发展，人们也不得不在动作内容和动作形式上进行创编。因此，在很多情况下不仅导致了动作内容的失范，还导致了文化内涵的弱化和扭曲。如一些地方为了打品牌、创特色，把传统体育的活动场地变为现代式的体育场，改变原有的规则、服饰、器械，传统体育活动也因此失去了原有的民族性、传统性、生活性[1]，也失去了原始色彩。同时，由于人们在创新中缺乏对传统体育所依赖的民族渊源、生产生活、风俗信仰、心理习惯等这些内涵要素的足够理解[2]，导致这些传统内涵性被严重范化和弱化，动作内容也出现了萎缩，传统体育的"形"与"魂"被割裂[3]。再加上现在的传承一般都是"传艺不传意"，导致传统体育

---

[1]孙庆彬. 民族传统体育文化保护与传承的基本理论问题 [J]. 西安体育学院学报, 2012 (1): 67-71.
[2]张春燕, 田振华, 刘跃军. 基于非物质文化遗产法律保护的民族传统体育分类探析 [J]. 武汉体育学院学报, 2010 (3): 25-28+33.
[3]倪依克, 胡小明. 论民族传统体育文化遗产保护 [J]. 体育科学, 2006 (8): 66-70.

第七章　供给侧结构性改革：我国少数民族特色村寨传统体育文化融合发展的路径设计

所蕴含的内涵在传承中被逐渐淡化和日渐消失。当然，也由于很多传统体育的传承方式仍旧是"口传身授"，这本身会在传承中出现动作范式、动作内容、动作特征，以及动作内涵的"失真"，所以导致很多传统体育活动出现了"有形无魂、同形别意"的现象。

文化内涵是传统体育文化的价值所在，是人们保护与发展、开发与利用的目标、动力与引擎，少数民族特色村寨传统体育文化融合发展的主要目的，就是想充分利用传统体育文化所蕴含的意义内容转化为少数民族特色村寨建设的资源。但传统体育文化的意义内容不是一成不变的，应该随着时代的发展和人类的进步文明而有着新的意义内容，但是也不会随着时代和人们的需求而发生一些根本式、彻底式、完全式的变革，而是在保持根本核心的基础上的发展与创新。所以，传统体育文化的意义内容应该是一个持续不断的创新与发展过程，这些意义内容有的是伴随传统体育文化永续存在、永不过时的，如蕴含的天人合一、道、孝等，而有的是具有时代界限，在不同的时代里承载着一定的时代责任与作用，在新的时代与环境里会产生新的意义内容。在当前少数民族特色村寨中的传统体育文化，存在不同程度、不同表象的意义匮乏，这种意义匮乏主要表现在时代意义上，缺乏与时代主流价值观的契合度、引擎度和满意度，显得过于固本守旧，缺乏发展性、创新性、新颖性、适应性与时代性，这反映出传统体育文化在少数民族特色村寨建设的融合发展中，缺乏供给的质量。有形无意，注重观赏性、忽略内质性，动作内容的随意编创，失去了本真，过于注重经济效益而淡化了文化内涵等[①]

课题组在酉阳广场摆手舞的调查和考察中发现，当地政府为了在全县推广过程中便于人们好教、好学和更有娱乐性，于是就对原始摆手舞进行了三次创编。用当地研究者的话说，现在人们只是在一种现代民族音乐声中怀着体验先民生活或身心娱乐的心情而跳着似古非古的摆手舞。摆手舞活动更多的是一种艺术展现，而缺乏一种意义和情感的彰显，所以当地很多人觉得摆手舞缺乏一种真实的传统性和民族性。另外，人们对同一个动作所表达的意义或含义完全是大相径庭、天差地别。譬如，在调研中就原始摆手舞中的一个动作进行了专门的调查，即双手手指在背后的腰部进行交叉，掌心朝上，然后进行上下左右小幅度摆动。

---

① 刘石磊. 湘鄂西少数民族特色村寨建设中传统体育文化的保护与开发研究 [D]. 吉首：吉首大学，2013.

有人说这是人们模仿"抖虼蚤"的动作,有人说这是人们模仿"背小孩"的动作,但更有甚者将这一动作改在体前来做了。所以,也正如倪依克所说,如果过于追求创新,在诸多社会文化形态以及人们的思维、行为、观念、心态等得不到完整性保护、体现和传承时,那这种改造所付出的代价也太大了①。

同时,在同区域内或相邻区域间还出现了严重的同质化现象,政府为了便于促进村寨与村寨之间的交流和比赛,常常将不同村寨同名称的传统体育文化项目进行规定化、程序化,特别是要求内容结构一致,使原本各村各寨各具特色的传统体育文化项目统一化、同一化和同质化,村寨传统体育文化及村寨文化都会因此而失去各自的特色,区域文化、村寨文化的多样性,人们对传统体育文化消费欣赏的替代性受到严重的破坏。少数民族村寨固有的传统体育文化多样性、丰富性、特殊性遭受到重创。同时,也造成村寨原本的一些传统体育文化项目处于休眠、沉寂并逐渐被淡忘、消失。

(三) 制度文化保护供给的边缘和缺失

一种民族文化必有其文化形式和文化载体,也有其一定的内涵,并共同形成一种有机体,而在通常情况下,人们更多的只是关注文化的艺术审美形式,却忽略对文化载体的关注和重视。事实上,文化载体是文化传承与生存的土壤和根基,只有艺术形式而无根基载体的文化必然会是缺"根"乏"魂"的。对一个民族而言,若不知道自己民族文化的"根"和"魂",就不会有一种民族的归属感和自信感,同时,真正失去"根"和"魂"的民族文化,等于是一种虚幻的文化。事实上,在《中华人民共和国非物质文化遗产法》(2011 年 2 月 25 日第十一届全国人民代表大会常务委员会第十九次会议通过)的第四条就规定:"保护非物质文化遗产,应当注重其真实性、整体性和传承性,有利于增强中华民族的文化认同,有利于维护国家统一和民族团结,有利于促进社会和谐和可持续发展。"制度文化主要指地域内人们的生活生产方式、行为习惯、民族心理、伦理礼仪、宗教信仰等,这些文化与传统体育相互依存,互为发展的平台和载体。但随着文化全球化的推进和扩张,这些地域文化受到现代文化和西方文化的冲击,地域内的传统性及制度性文化由于人们缺乏有效的保护而逐渐被边缘化,甚至已经消失。

---

① 倪依克. 论中华民族传统体育的发展 [D]. 广州:华南师范大学,2004.

第七章 供给侧结构性改革：我国少数民族特色村寨传统体育文化融合发展的路径设计

就当前少数民族村寨传统体育文化而言，一是传统体育文化事项本身的民族性、民俗性和传统性韵味没有得到好的保护，被贴上了过多的西方式、现代式标签。二是人们的民俗习惯、生产生活方式、宗教信仰、民族情怀、人文制度，以及人们的民族性行为、民族性心理、民族性精神和民族性品格等都发生了变化。由此，也导致传统体育失去了原来赖以存续的文化生态基础和社会基础，进而出现生存危机[1]。特别是由于民间制度性文化的缺失，导致传统体育的传统社会组织体系被肢解，很多传统体育活动因为这种制度和秩序的缺失而被迫停办或取消，渐渐走向了没落[2]。

如武陵山区摆手舞是记录土家人生活、习俗、信仰、创造物的一幅综合文化画卷，摆手舞之所以能够传承并成为一种具有代表性的民族文化，是因为摆手舞与土家人的生活、习俗、信仰等紧密相连。摆手舞这一文化的精髓，不是它的艺术魅力，而是它包容的内涵与展现的民族精神，是对后人的教育意义，而这些都集中于摆手舞的"根"和"魂"。而当前摆手舞的发展人们更多的是保护和创编其动作形式，着重从现代审美的需求进行装扮和改造，真正与摆手舞文化产生与演化相联系的区域民俗文化、民族传统文化等却没有得到应有的重视和保护。

（四）人口文化保护供给的匮乏和薄弱

传承人和族群是传统体育生存发展的必要要素，但由于传统体育长时间受到禁止和破坏，很多传统体育活动出现了多代际的传承断裂，因此现在掌握传统体育动作技术或技能的人很少，并且很多年事已高。再加上如今民间传承并没有形成，靠政府推动的传承又缺乏传承机制，特别是保障机制的缺失，导致很少有人愿意学，传承人的培养和继承出现了危机。而且现在的年轻人外流严重，很多不喜欢传统文化，也缺失传统体育活动的相关技术和技能，导致当地后继者又出现了危机。如被誉为"中国土家第一村"的湖南双凤村就出现了传统体育继承人的断层和后备人才缺乏的问题[3]。总体来看，我国传统体育的传承与保护出现了

---

[1] 倪依克. 论中华民族传统体育的发展 [D]. 广州：华南师范大学，2004.
[2] 万义. 村落少数民族传统体育发展的文化生态学研究——"土家族第一村"双凤村的田野调查报告 [J]. 体育科学，2011（9）：41-50.
[3] 万义. 村落少数民族传统体育发展的文化生态学研究——"土家族第一村"双凤村的田野调查报告 [J]. 体育科学，2011（9）：41-50.

传承人、传承制度、传承场所、传承氛围、后继族群的严重缺失[①]。

传承人文化素养有待提高。在访谈中我们发现，村寨传统体育项目传承人的文化水平都普遍不高。如在对酉阳摆手舞传承人的访谈中发现，他在面对很多访谈问题时都无法回答，对自己的传承应该具有哪些责任、意识、思想、技能等也是模糊和欠缺。但他对自身民族的文化还是很有热情，很有信心，表示即使不能够在族群中进行大量传授，也还是希望摆手舞能够在自己的后代中传承下去。

四、供给资金

（一）供给单一，以政府为主，缺乏社会和民间资金

当前，少数民族村寨建设资金绝大部分是政府提供，社会资金、民间资金可谓是少之又少。以重庆市而言，在2017年只有2个社会企业即黔江区旅投集团和九黎文化旅游投资有限公司对35个少数民族特色村镇中的2个村镇提供了资金支持，从提供的资金总额来看，2个企业所提供的资金总数占全年重庆市少数民族特色村镇资金供给总数的90.2%，不难发现，社会资金占了大头（表7-1）。但是资金供给惠及或分布不广，涉及的村寨数量太少，社会和民间资金可以说极度匮乏。同时，大部分区县未安排专项资金开展特色村镇建设，包括与传统体育融合发展相关的民居风貌改造、文化保护与传承等受到较大影响。

而政府供给的资金总数看似庞大，实则平均落实到每个少数民族特色村寨上的却很少。如贵州省，虽然政府职能部门较为重视，且还尽力资助了部分村寨广泛开展本民族活动，但由于贵州省是一个拥有17个世居少数民族（少数民族人口占总人口比例高达36.8%）的民族大省，因而所能资助的村寨只是少数，大多数少数民族村寨都难以享受到这种资助，加之贵州少数民族聚居的农村地区，社会、经济发展较为滞后，物质生活水平较低，而且改革开放后这些少数民族村寨中的青壮年外出务工比例较高，少数民族村寨中开展活动所需的组织、服务力量严重不足，因而导致民族活动难以开展，传统体育文化的融合发展也较为困难。因此，传统体育文化的作用与功能在少数民族特色村寨建设中难以发挥和体现。

---

① 张晓林. 民间传统体育项目健身研究融入社区全民——以黄龙溪社区开展火龙灯舞为例 [J]. 中华文化论坛，2011（3）：97-101.

第七章 供给侧结构性改革：我国少数民族特色村寨传统体育文化融合发展的路径设计

表 7-1　2017 年重庆市少数民族特色村镇资金供给情况统计表

区县名称	项目名称	业主	总投资（万元）
黔江	濯水古镇特色小镇	黔江区旅投集团	62 200
	板夹溪十三寨特色村寨	小南海镇政府	700
武隆	石桥乡八角村芙蓉湖特色村镇	石桥乡政府	1 200
	浩口乡田家寨民族特色村寨	浩口乡政府	703
	后坪乡天池坝民族特色村寨	后坪乡政府	2 100
	文复乡西山村马厂坝民族特色村寨	文复乡政府	1 205
石柱	石家乡政府黄龙村少数民族特色村镇	石家乡政府	300
	枫木乡政府昌坪村少数民族特色村镇	枫木镇政府	120
	金铃乡政府银杏村少数民族特色村镇	金铃乡政府	80
	西沱镇云梯街民族特色村寨	西沱镇政府	450
	金铃乡响水村特色村寨建设	金铃乡政府	100
秀山	道罗村铁厂坝民族特色村寨	膏田镇政府	140
	梨园村精品特色村寨	溶溪镇政府	216
	大寨村土家族特色村寨	清溪场镇政府	700
	大溪乡半坡特色村寨	大溪乡政府	100
	水坝牛栏溪特色村寨	石堤镇政府	100
	雅江镇少数民族特色村镇	雅江镇政府	100
	中平乡山源头特色村寨	中平乡政府	348.5
	云隘村莽龙屯特色村寨	钟灵镇政府	220
	平凯街道贵贤村李家院特色村寨	平凯街道办	100
	溶溪镇红光居委会曹家沟特色村寨	溶溪镇政府	150
	孝溪乡中心村余家坟特色村寨	孝溪乡政府	100
	隘口镇太阳山村特色村寨	隘口镇政府	150
酉阳	山羊村特色村寨	板溪镇政府	100
	清溪村特色村寨	清泉乡政府	50
	内口村特色村寨	两罾乡政府	80
	狮象村特色村寨	兴隆镇政府	50

续表

区县名称	项目名称	业主	总投资（万元）
酉阳	魏市村特色村寨	天馆乡政府	50
	何家岩村特色村寨	花田乡政府	500
	河湾村特色村寨	酉水河镇政府	84
	红庄村特色村寨	楠木乡政府	70
	上腴村特色村寨	腴地乡政府	70
彭水	蚩尤九黎城	九黎文化旅游投资有限公司	140 000
	罗家坨苗寨	鞍子镇政府	1 500
	庙池苗寨	诸佛乡政府	10 000

注：以上表格资料及数据来源于重庆市民族宗教事务委员会。

（二）资金整合力度不够，总量欠缺

部分区县存在"重项目争取轻建设实施、重保护轻发展"的现象，多数特色村镇建设仅靠民族工作部门的发展资金单打独斗，村镇配套设施、乡村旅游、民族文化挖掘传承等未同步跟进，保护与发展脱节，特色产业培育、发展滞后。特别是很多少数民族特色村寨一般地处偏远山区，建材运距长、运费高、有效施工期短、施工条件差等原因，项目进度缓慢、成本较高，再加之基础建设、旧居民的维修保护都需要大量资金，虽然近年来国家加大了对传统居民的保护力度和投入，但面对量大、面广的少数民族特色村寨来说仍存在资金不足的问题。譬如，重庆市秀山县，对大溪乡前进村半坡村寨还存在多年不投入经费的情况。可想而知，能用在这些少数民族特色村寨传统体育融合发展的经费是极为有限的（表7-2）。

表7-2 2010—2018年重庆市秀山县特色村寨资金投入情况

乡镇	特色村寨	市级	国家级	投入资金（万元）									
				2010	2011	2012	2013	2014	2015	2016	2017	2018	总计
大溪乡	前进村半坡	是							60	40			100

续表

乡镇	特色村寨	市级	国家级	投入资金（万元）								
				2010	2011	2012	2013	2014	2015	2016	2017	2018	总计
膏田镇	道罗村铁厂坝	是							70	30	40		140
海洋乡	岩院村田家沟	是	是			100	100						200
洪安镇	猛董村石傩寨	是							100				100
里仁镇	南庄瓦厂沟	是	是						100				100
梅江镇	民族村	是	是	153							100		253
清溪场镇	大寨村	是	是			150	100	300	300	400			1 250
溶溪镇	梨园村贵岩坨	是							70	146	120		336
石堤镇	水坝村牛栏溪	是								100			100
中平乡	地岑村	是							70	178.5	100		348.5
钟灵镇	凯堡村陈家坝	是	是				130						130
钟灵镇	云隘村荞龙屯	是								40	180	80	300
溪口镇	中和村茶园坪	是	是					100					100
雅江镇	雅江居委会	是	是				50	100		51	49		250
孝溪乡	中心村余家坟	是									100	180	280
平凯街道	贵贤村李家院	是									100		100
隘口镇	太阳村东坪	是										150	150	300
溶溪镇	红光居委曹家沟	是									150		150
隘口镇	岑龙村大寨组	是										100	100

续表

乡镇	特色村寨	市级	国家级	投入资金（万元）								
				2010	2011	2012	2013	2014	2015	2016	2017	2018	总计
钟灵镇	红砂村双河组											120	120
涌洞乡	新农村山岔溪											100	100

（三）专用资金匮乏

根据调研发现，政府或企业提供的资金主要用于村寨的基础设施建设，而在包括传统体育在内的传统文化保护与发展资金都很少，在基础设施建设资金本身都很紧缺的情况下，要想抽出一部分资金用于传统体育文化的保护与活动开展，可谓是难上加难，即使有，也是杯水车薪。如在河湾村考察时，村长就介绍到，截至2015年，重庆市政府、旅游局、扶贫办共投资近500万元，但主要用于基础设施建设，其目的还是想推动该地旅游经济的发展，而分配在摆手舞文化保护、开发、传承方面的资金却很少，就连看管摆手堂遗址的人也没有得到一点劳务补偿。很多少数民族特色村寨，根本没有将传统体育的保护与发展纳入资金预算和开支范围。

第四节 供给侧结构性改革的原则导向

一、以少数民族特色村寨建设为落脚点

搞清楚向哪里供给，为谁供给，这是少数民族特色村寨传统体育文化融合发展供给路径设计的关键性问题、前提性问题。本书以少数民族特色村寨传统体育文化的融合发展为命题，其原因就是传统体育能够为少数民族特色村寨建设发展提供有作用、有价值的东西。并且，这种作用和价值是比较明显、比较独特且不可或缺的，是其他难以替代的。就是要通过传统体育文化的融合发展，来促进少数民族特色村寨的建设，来迎合和满足我国政府特别是民族地区加快少数民族特色村寨建设与发展这一现实需求。同时，要想供给准确，供给效率高，供给匹配好，就必须得搞清楚少数民族特色村寨建设有什么需求，只有瞄准了需求靶向，

第七章　供给侧结构性改革：我国少数民族特色村寨传统体育文化融合发展的路径设计

才能够精准发力、对症下药。只有在供与需、送与受之间进行无缝对接，才能够真正提高和实现供给质量与效应的优化，进而更加促进少数民族特色村寨传统与现代的融合，保护与发展的协调，充分体现传统体育文化融合发展在少数民族特色村寨政治建设中的力量、经济建设中的体量、社会发展中的分量、文化建设中的重量、生态文明建设中的能量。

因此，少数民族特色村寨传统体育文化融合发展的供给路径的设计，理应以促进少数民族特色村寨建设为目的、为导向、为目标、为靶向，突出强调传统体育文化在少数民族特色村寨建设与发展中的实际功效和价值贡献。传统体育文化的融合发展，必须最终落实到促进村寨政治、经济、社会、文化、生态文明"五位一体"总体布局充分协同、保护与发展充分协调、现代与传统充分融合上。

二、以供给侧全要素协同为着力点

供给路径的设计，必须解决切入点的问题。本研究的最大创新就是从传统体育文化融合发展的供给端结构性改革为切入点，以提高传统体育文化融合发展的质量和效率为目标，来有效促进传统体育文化与少数民族特色村寨建设的融合发展。少数民族特色村寨传统体育文化融合发展的供给要素包括主体、资金、技术和产品，因此，必须从供给主体、供给资金、供给技术和供给产品等全要素综合发力，协同促进传统体育文化的高质高效融合发展。不能够仅停留在传统体育文化事象本身，要用联系、系统的思维和方式来审视、设计和构建少数民族特色村寨传统体育文化的融合发展路径。

三、以提质增效为兴奋点

优化供给侧结构，提高和增强供给质量与效率，是少数民族特色村寨传统体育融合发展所必须坚持的行动主线和行动逻辑，是少数民族特色村寨传统体育融合发展路径设计的核心原则。以供给侧改革的思维和理论来促进少数民族特色村寨传统体育融合发展，就是要以不断提高传统体育文化融合供给的质量和效应为中心，为着力点、着眼点，促进传统体育文化在少数民族特色村寨建设与发展中的最优化供给。少数民族特色村寨传统体育文化融合发展的供给优化，就是提升传统体育文化融合发展的质量和效益，这是出发点、兴奋点，只有从提升、优化传统体育文化融合发展的质量和效益出发，不断提升传统体育文化的品质和品位，不断激发、刺激传统体育文化在少数民族特色村寨建设与发展中的重要性、必要性，才能够不断促进、发挥和彰显传统体育文化在少数民族特色村寨建设与发展中的积极效用，传统体育文化才能够被人们持续重视和永续利用。

提高传统体育文化融合发展的质量和效应，积极回应、引导和刺激有效供给及其对需求的满足，其根本或核心就是破除传统体育文化在村寨建设中的"供给约束""供给抑制"，进而提高传统体育文化融合发展的供给质量与供给效益。强化需求对供给的引领，要以减少无效供给为前提，增加有效供给为根本，实现供需耦合，避免单方面失灵，供给必须以有效需求为基础，不能够脱离需求谈供给。而长期以来，人们更多的是以村寨建设、人们的生活等需求为导向，忽略了从供给端发力来引领、刺激传统体育在村寨建设中的融合发展，导致传统体育文化资源不能够持续发力，对村寨建设未能够持续贡献。

四、以融合式发展为触动点

传统体育与少数民族特色村寨处在一个统一体中，少数民族特色村寨是传统体育生发的原生纽带和有效载体，传统体育是少数民族特色村寨的文化基因，是支撑、维系村寨发展的重要文脉，传统体育等传统文化与村寨是血与肉、脉与体的关系。同时，传统体育固然是少数民族特色村寨这个整体中的一部分，要保护与发展少数民族特色村寨，就必须保护与发展传统体育这一个体，作为一个部分的传统体育不存在了，作为整体的少数民族特色村寨必然是残缺的，因此二者应相互协作、相互供给、相互支撑，天然地融合、共生在一起。

因此，少数民族传统体育在少数民族特色村寨建设与发展中的供给，必须以融合发展为手段，主动顺应和满足少数民族特色村寨建设与发展的实际需求，促进传统体育与村寨建设在本质与内涵、功能与作用上的高度融合。所谓融合，是指相合在一起，即传统体育文化的保护与发展必须以少数民族特色村寨建设与发展相吻合、相契合，特别是传统体育文化要主动与少数民族特色村寨相融、相合为一体，并且是紧密嵌合、联系在一起的，犹如水乳交融。

五、以保护传统体育文化为基本点

少数民族特色村寨传统体育文化的融合发展，其中一个主要意图就是保护好传统体育文化，使传统体育文化成为少数民族特色村寨建设与发展的一种永续资

第七章 供给侧结构性改革：我国少数民族特色村寨传统体育文化融合发展的路径设计

源。传统体育文化在少数民族特色村寨建设中的融合发展，其实是传统体育文化的一种生产性保护，在发挥、突出价值中实现和达到保护自身的目的，实现自身的可持续发展。所谓可持续，就是固中有变，因此这里的可持续性，还要求不破坏传统体育文化固有的完整性、传统性、生态型、原真性，保护、保存好传统体育文化的文脉基因。当然也要求传统体育文化要主动适应、顺应少数民族特色村寨的时代发展，在不同的时空环境中保持、体现着传统体育文化融合发展的"变"与"不变"，因为只有适应环境的才是可持续的。

六、以满足人们的日益需求为根本点

无论是少数民族特色村寨建设，还是传统体育文化的保护与发展，其根本目的是促进和满足人们的需求。因此，少数民族特色村寨传统体育文化的融合发展，也必须以满足人们的需求为根本靶向、为根本目的。同时，还必须以人们的满足感、满意感、获得感、幸福感为衡量标尺，以满足、迎合人们的满足感、满意感、获得感、幸福感为核心靶向。

但这里的"人们"主要是指当地居民和游客，所以，少数民族特色村寨传统体育文化的融合发展，必须以满足当地居民和游客的需求为靶向。长期以来，很多地方将满足政府管理者、游客需求为靶向，却忽略、忽视了当地居民的满足感、满意感、获得感与幸福感，导致传统体育失去民间土壤和血脉，民间力量难以发挥和聚集，最终导致政府组织活动时当地居民却不积极、不自觉、不支持。

第五节 供给侧结构性改革的内容举措

一、供给主体

（一）优化主体要素配置

所谓要素配置，主要是指各个组成部分的搭配和排列，本书中的主体要素配置，主要是指主体所形成和具有的组成结构、关系结构和任务结构。

1. 主体组成结构

前文所述，少数民族特色村寨传统体育文化的融合发展，理应由政府（区县、乡镇）、民间（村委会、当地居民、传承人）、社会（企业、团体、个人）

构成联合实践主体。所以，这里的主体组成结构是指由政府（区县、乡镇）、民间（村委会、当地居民、传承人）、社会（企业、团体、个人）组成的一种有机主体结构。其中，村委会、当地居民合称为自治主体，其结构组成如图7-1所示。

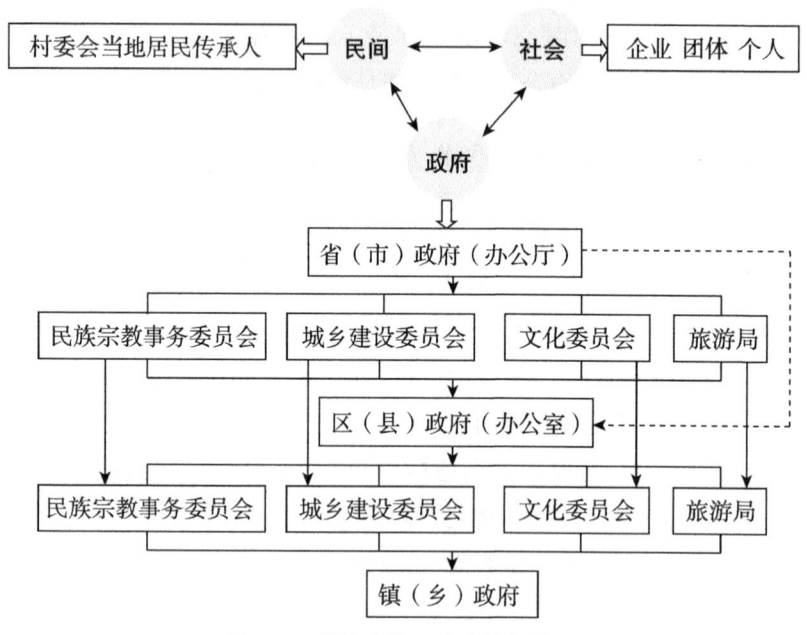

图7-1 供给主体组成结构拓扑图

2. 主体关系结构

根据我国少数民族村寨建设的经验和趋势来看，主体间的关系主要表现为"政府主导、社会参与、村民自治"的关系结构。事实上，这些主体之间存在着相互竞争（影响）又相互协同（合作）的关系。根据自组织理论，竞争使系统远离平衡态，协同使非平衡条件下的子系统运动趋合并通过非线性放大占据主导性，推动整个系统有序发展。所谓竞争，就是系统间或系统内部各要素或各子系统间相互争胜、力图取得支配地位和主导地位的活动和过程[1]，这种竞争因而一方面造就了系统远离平衡态的自组织演化条件（至少对这一演化条件起到了推波

---

[1]沈小峰，吴彤，曾国屏. 自组织的哲学：一种新的自然观和科学观 [M]. 北京：中共中央党校出版社，1993：44-52.

第七章　供给侧结构性改革：我国少数民族特色村寨传统体育文化融合发展的路径设计

助澜的作用），另一方面推动了系统向有序结构的不断演化。① 所谓协同，是指系统中许多子系统的联合作用②，或者说系统中许多子系统的相互协调的、合作的或同步的联合作用和集体行为③。各系统要素会因在与外界进行物质、能量、信息发生交换时发生和存在一定程度的接触、链接、合作、协调和同步，也就会产生和存在着一种协同，对远离非平衡系统中的各子系统或要素产生非线性关联放大，是系统自组织演化形成有序结构的必要条件。协同与竞争相辅相成，竞争是协同的基础、条件和媒介，协同是竞争的价值、意义和目的。传统体育文化供给主体内部成员以及相互之间必然在供给上存在着竞争，并通过竞争促进相互之间的对话、交流与沟通，在此基础上形成认可、认同与协同，并且是一种螺旋式上升的"竞争—协同—竞争—协同"演进形态和机制，最终通过所达成的协同促进少数民族特色村寨传统体育文化的有序化和可持续化融合发展。

　　这些联合实践主体里的竞争与协同，主要是地方政府、社会团体等的供给与当地居民的需求之间的竞争与协同。任何个人、群体或组织在社会环境中都充满着竞争，都有获得更优的愿望和诉求。譬如，村寨居民在对待村寨传统体育文化的融合发展活动上，他们想获得供给方给他们提供更能贴近生活、更能为其带来快乐、更能带来实惠，以及为他们提供更丰厚的劳动报酬、经济收入等的传统体育文化活动。而供给方也想通过传统体育文化活动的组织、管理与开展来获得人们的认可、提升社会声誉和社会地位，以及获得一定的经济收益。再由于不同供给主体在知识结构、理论经验、思维方式、价值观念等方面存在差异，各供给主体供给的传统体育文化内容、方式、途径等上的质量和效应就存在差距，有差距就必然会有选择，有选择就必然会催生竞争，供给主体在传统体育文化的融合发展活动中就表现出了明显的竞争性。同时，由于供给主体自身的能动性，他们会因为利益的驱使、会因为获得更大的竞争优势而更加努力的自我革新、自我修复，以及相互之间的不断交流与学习，不断优化与提升自己的供给质量与效应，力争在竞争中处于优势地位，从而加剧供给主体的竞争性。再加上传统体育文化融合发展系统内部各子系统或要素普遍存在着差异，并始终处于变动状态，子系统或要素对外界环境输入能量和信息的利用程度和效率就始终存在着差异，这就

---

① 吴彤. 自组织方法论研究 [M]. 北京：清华大学出版社，2001：48.
② 沈小峰，吴彤，曾国屏. 自组织的哲学：一种新的自然观和科学观 [M]. 北京：中共中央党校出版社，1993：46.
③ 吴彤. 自组织方法论研究 [M]. 北京：清华大学出版社，2001：48.

为传统体育文化融合发展系统远离平衡态提供了前提条件。少数民族特色村寨传统体育文化融合发展供给主体之间在供给上的不断竞争、交流与优化，提升了供给主体的供给质量与效率，不断推动和促进传统体育文化融合发展的可持续性、有序性。

同理，涨落是少数民族特色村寨传统体育文化融合发展形成自组织的积极因素，是积极诱因和良好契机，是使传统体育文化融合发展系统不断远离平衡态向临界点逼近并实现质的飞越的触发器、助推器。涨落分为外涨落和内涨落，就少数民族村寨传统体育文化融合发展系统而言，内涨落主要源于当地居民、地方政府及企业等主体即组织者与被组织者、管理者与被管理者之间在传统体育文化融合发展中的相互诉求与建议。譬如，由于当地居民和政府人员之间存在非线性关系，当地居民作为传统体育文化融合发展的主要参与者和实践者，他们可能会凭借自己的见解和想法而对政府人员的意见和做法提出异议和建议，这样就会造成传统体育文化融合发展的过程偏离原来的预期，从而形成为对传统体育文化融合发展的涨落。这时，若政府人员采用积极、开放的态度，顺其民意、因势利导地调整自己的规划、方式和行为，让居民体验他们的想法和主张，就有可能为传统体育文化融合发展系统的质变提供良好的契机和活力，促进少数民族村寨传统体育文化融合发展系统不断趋向新的质变的临界点，实现和达成少数民族村寨传统体育文化融合发展系统的有序性。相反，如果政府人员对村寨居民的意见和建议置之不理，甚至是盲目地否定与拒绝，那么这样的涨落会给少数民族村寨传统体育文化融合发展系统的有序演进造成不利与阻碍，甚至会随着相互间矛盾的升级恶化而走向无序混乱状态。但是如果当地居民能够自觉科学的合理调整与运用，并形成和构建为一种有序的、远离平衡态的知识经验结构系统，当这种系统的发展演进处于临界点时，当地居民思想和认知的稍微变化就会因非线性相互效应下的迅速放大进而产生和形成为一种新的开放有序的、远离平衡态的知识经验体系，当地居民参与少数民族村寨传统体育文化融合发展的效果和质量也会要提高很多。

调和多元主体之间的利益关系是促进主体供给效应的必要手段，为此，本研究基于共生理论提出了利益主体的共生机制，探究多个利益主体相互依存、互惠共赢的共生优化机制。协调整合利益诉求，规范利益诉求秩序和格局，形成有序协同关系。共生优化的核心指向和原则就是维持和实现少数民族特色村寨传统体育文化融合发展系统的稳定与平衡，以少数民族特色村寨传统体育文化融合发展

第七章 供给侧结构性改革：我国少数民族特色村寨传统体育文化融合发展的路径设计

系统的健康建构和有序运行作为各主体利益共生的动力和目标、手段和平台，并作为规范和约束各利益主体行为的原则和制度。这在一定程度上能够克服多元利益主体无参考、无原则、无整合的失范局面。

共生（Symbiosis）是生物科学中一个重要的基本概念，由德国微生物学家德贝里于1879年首次提出。生物共生研究发展到今天，已经在多个领域得到广泛运用。生物共生理论里有一个核心理念就是共进化理念，即指共生系统内的共生单元之间、共生单元与共生系统之间存在一种相互促进、相互激发的作用，这种作用可加速共生单元、共生系统的进化创新，提高其生存和繁殖能力，其哲学核心是"双赢""和谐"和"共存"。因此，本研究欲借助这一理论，力图使各主体间形成一种共生和谐机制，促进多元主体利益共生，实现传统体育建构与保护的最优化。根据多元利益主体共生相关理论，共生界面的确立是多元利益主体共生系统建立的核心和共生关系成立的必要条件，共生界面的兼容度高低与利益主体之间形成的共生关系直接相关，利益主体之间如何优化共生界面是利益主体之间在共生系统里实现最优化的关键所在[①]。同时，优化供给不得不着眼于需求，而这里的需求除了当地居民外，还有一个重要的主体，就是游客。为此，本研究在这一理论的指导下建构了主体利益共生界面，并提出了如下优化建议[②]。

（1）政府。在共生系统中处于利益驱动的主导地位，应该从全局发展的战略高度履行自己的职能和协调各方利益的和谐，统筹规划和实施各资源要素和生产要素，有效避免利益主体之间因资源使用、利益获取等出现恶化竞争导致破坏稳定和平衡的现象。如通过立法、规划、管理、资金投入等方式和渠道，保护传统体育朝着健康、持续的方向发展，尊重民族情感和民族群体的主体地位；通过制定科学合理的政策方针，为民间（开发商）营造良好的投资与市场环境；对游客的消费权益进行科学保护，加强市场和服务监管，使游客的消费活动健康有序进行；对传承主体的科学研究、活动组织予以资金支持和政策保障，实施传承人培育工程，保障传承活动的常态化和健康化。政府通过公共服务购买的方式，通过政策、资金等的扶持，夯实传统体育文化活态的群众基础。政府要转变到购买公共服务的职能职责上来，要为市场和社会团体腾空间、营氛围、筑保障，充分发挥引导、监管、保障等服务功能，激发和保障市场与社会团体有活力和创造力。

---

①②冯淑华．传统村落文化生态空间演化论［M］．北京：科学出版社，2010．

（2）民间。民族居民必须用文化主人、村寨主人的态度，用文化原真性和生态性的标准，用去功利化的思想对传统体育进行建构和保护；认真落实地方政府、自治委员会有关传统体育保护与开发的法律法规、制度规划；自觉为开发商和游客提供旅游消费资源和服务保障，服从企业监管法则和旅游行业规范，实现就业和创收双赢；村委会通过自我管理、自我教育、自我服务，协助政府完成各项任务，密切协助、配合社会和传承主体进行相关活动，身体力行地和传承人一起传承自己的民族文化；传承人，要把传统体育的生态、持续发展作为自己的核心利益价值取向，并为地方政府的文化发展、开发商的文化开发、游客的文化消费、社区居民的文化参与提供智慧、人力支持和理论贡献。

（3）社会。接受地方政府的监管，妥善、正确处理好政府规划、市场需求和经济效益之间的关系；处理好与社区居民间的关系，遵从社区居民的风俗习惯和开发意愿，以及传统体育史实和民族情怀。同时，为社区居民提供更多优质的就业机会与环境，提高就业人员的福利待遇；为游客营造和提供优质的旅游消费环境和产品；树立科学保护的意识，以有关传统体育的传承理论为依据，以生态保护为前提和核心，防止过度开发或开发不足等失范现象的发生。

当然，各利益主体之间不可能完全实现和谐共生，因此需要各利益主体发扬一种利益让渡的精神，来获取自己最大的利益。

3. 主体任务结构

（1）政府。政府作为主导主体，必须以较高的政府强度和较强的政府能力，以强有力的计划和政策对资源配置施加影响，以达到某种短期和长期增长目标的管理模式。需要政府职能部门和基层政府主动介入、把握方向，调集和充分整合相关资源，有效促进融合发展。无论是少数民族聚居村寨的脱贫攻坚工程，还是少数民族特色村寨的建设，都是当前及未来一个历史时期内，在中国特色社会主义现代化建设中，解决不同地区发展不平衡、不充分，实现共同富裕的重大问题。即使是2020年按时全面实现了脱贫的基本目标，在此后较长的时期内，仍然存在着防止返贫、继续推进少数民族特色村寨建设和美丽乡村建设的重要任务。尤其是在少数民族聚居区和少数民族人口分布较多的地区，成功地促进这一问题的解决，已经成为党和政府最为凸显、最为中心的重要任务之一。因此，政府职能部门和基层政府，早就颇有力度地介入了这项工作，早就形成了强有力的政府介入、领导、扶持少数民族村寨的扶贫攻坚和少数民族特色村寨建设工作的

第七章 供给侧结构性改革：我国少数民族特色村寨传统体育文化融合发展的路径设计

强有力机制。少数民族传统体育文化与少数民族村寨脱贫攻坚或少数民族特色村寨建设的融合发展，始终是这些村寨现代化进程中必须高度关注的问题。

在多年对少数民族村寨中传统体育文化传承发展的调研中发现，这里的政府主要由各级政府的民族宗教职能部门和少数民族地区的基层政府来完成，其他任何相关力量都只能起配合的作用。特别是少数民族特色村寨传统体育文化融合发展涉及面广、所需资源多，单靠某一部门、某一方面难以完成，因此需要多部门联动，形成集中力量，要组织和协调民族、建设、农业、交通、水利、财政、文化、旅游和扶贫等部门研究解决工作中的具体问题，充分调动各级、各部门的积极性，整合各方面资源，形成党委政府统一领导、有关部门各司其职、各方面通力协作的规划组织实施工作格局。特别是民族工作部门要抓好年度计划统筹，牵头搞好工作协调，开展调查研究，及时发现问题，提出合理建议，加强工作督查，及时向政府报告工作落实情况。积极协调各方面的工作力量和资源，形成任务共担、同创共建、资源共用、成果共享的工作格局。各少数民族特色村寨积极争取上级有关民族、旅游、农业、建设等相关部门的政策支持，解决单个项目投入不足的问题，增添少数民族特色村寨传统体育融合发展的发展动力。具体来讲主要包括统筹规划、资金投入、组织领导、服务指导等，出政策、出资金、出智慧。根据当前我国绝大多数地方政府的做法，建委主要负责村寨基础设施建设，民宗委主要负责村寨景观建设，文化委主要负责村寨文化建设，旅游局负责村寨旅游经济开发，为村寨传统体育文化的融合发展提供智力、政策、资金、平台和活力。但主体间要协调、要统筹，不得各自为阵，更不能给相互制约、相互推诿、等待观望等，要在要求、思想、思维和行动上形成合力。

因而，在少数民族特色村寨，政府相关职能部门应当充分履行职责、充分利用相关资源，加强领导和积极促进少数民族传统体育文化的村寨融合。必须充分发挥基层政府和村寨组织的作用，使更多的少数民族村寨的民族活动能尽可能地有效开展，以满足广大村民参与文化活动的需求，扩大供给面。随着少数民族特色村寨建设的有效推进，少数民族村寨经济发展水平和物质条件的改善，还应尽可能在村寨中修建供村民参与包括传统体育在内的各传统文化活动的"文化广场"，为村民参与传统体育活动提供更好的环境和条件，以提升村寨公共服务的供给水平，更好地解决广大村民日益增长的对美好生活的需要和不平衡、不充分发展之间的矛盾。在提升村民生活质量的同时，更好地利用传统体育文化服务现实的生产和生活，促进少数民族传统体育与少数民族特色村寨建设的融合发展。

特别强调在实践中要做到既有顶层设计又有专项细化。少数民族特色村寨传统体育文化融合发展的顶层设计，不是把传统体育文化进行单项式、单列式地顶层设计，如成立专门的政府领导小组，制定省县级的发展规划等，这完全是没有必要的。因为从文化空间理论及世界非物质文化遗产整体性保护的国际原则来讲，这也是不对的，应该将传统体育文化纳入到村寨传统文化这个大系统、大领域中进行顶层设计，这个顶层设计是区（县）级的。一是建构统一协调的主体机制，成立区（县）主要领导为组长、多个政府职能部门为成员的少数民族特色村寨建设工作领导小组，做好少数民族特色村寨建设领导主体的顶层设计。二是在领导小组框架下，由民宗委牵头，会同文化委、体育局、文物局，以及乡镇、村委会等，共同编制少数民族特色村寨传统文化融合发展的专项规划，明确少数民族特色村寨传统文化融合发展的宗旨、意义、目标、标准、原则、任务及保障措施等，在规划中要求必须包含和强调传统体育文化的融合发展，作为传统体育文化融合发展的顶层设计。但是基于传统体育文化在少数民族特色村寨的独特功能和作用，以及传统文化融合发展的具体落实，必须得有专门的具体的某个村寨，甚至是某项某几项传统体育文化融合发展的专项规划，因此这个规划主要是由乡镇、居（村）委会等来制定。

（2）社会。社会企业、团体或个人，主要是提供资源配置，弥补政府在资源供给中的不足，但必须在政府的主导下参与和实施。如彭水成功探索吸引社会投资，采取市场化方式运作项目建设模式；阿依河苗寨主要由乌江画廊公司投资建设运营；蚩尤九黎城由中业集团融资打造，旗下成立了彭水蚩尤九黎城旅游开发有限公司，专门负责蚩尤九黎城的旅游品牌打造和营销推广等工作。其中，薅草锣鼓、甩手辑、打年箫、踩花山、高台舞狮等传统体育文化活动成功引入了蚩尤九黎城的旅游活动中。

鼓励社会力量的参与，培育和发展民间社团，特别是当地居民社团，加强政策扶持，提供技术指导与帮助，提供场地、资金与精神鼓励。社会（企业、团体、个人）通过项目推广的形式积极地促进传统体育文化在村寨中的活态演绎和人们的积极参与，通过文化塑造的方式营造传统体育文化在村寨中的活态氛围，通过提供服饰、道具、器材的形式保障传统体育文化的发展，企业通过完善场地设施推动传统体育文化活动的升级。可以充分利用市场竞争机制，一是树立以质量效应至上的发展竞争机制，进而保证传统体育文化服务产品质量；二是充分发挥市场在资源配置中的作用，主要包括信息、资金等；三是依靠市场主体的自主

第七章　供给侧结构性改革：我国少数民族特色村寨传统体育文化融合发展的路径设计

创新能力，将传统体育文化直接转化为少数民族特色村寨建设的经济价值和文化产品。

（3）民间。村委会、当地居民等主要负责有关规划、项目、活动的组织与实施，是必不可少的实践主体，特别是当地居民，是传统体育融合发展于村寨建设的重要载体，没有当地居民的积极参与和实践，再好的规划、再好的决策都只能是纸上谈兵。因此，尤其要注重族民社会的传承和参与，这种族民社会组织既具有传统宗教组织里的世袭传承、师徒传承、宗族传承等的传统基因，同时在传承的基础性、传承的体系性、传承的有序性、传承的稳定性、传承的灵活性、传承的开放性上更趋于优化。在传统宗教没落和无法持续存在的环境里，在政府管理存在错位、越位、缺位等的情况下，在市场和企业还很难产生经济效益的情况下，族民社会组织应该是应时而生，是传统体育文化融合发展于少数民族特色村寨建设的自然选择。充分遵循民族风俗、民族习惯和民族意愿，让居民主动、开放、灵活、自由地举办传统体育文化活动，让传统体育文化活动在民间经常化、生活化、自由化、开放化，需要充分遵循和依靠当地居民的意愿和行动，只有来自当地居民内部的自觉行为才会是持续的。因此，诸如政府、企业、社会等，虽然也是供给主体，但这些主体是为当地居民参与传统体育文化活动提供帮助、支持、保障和引导的，他们不是参与传统体育文化的直接者，更多的是间接者。

（二）提升主体质量

如前所述，主体质量主要包括各主体的意识、思想、观念、认知、经验、理论、视野，以及态度、作风、服务水平等。少数民族特色村寨传统体育文化融合发展是一个系统工程，涉及文化、自然、政策、资金、技术、人力等方方面面。要做好这项工作，人是关键，有没有好的思想、观念、认知、经验、理论、视野，以及态度、作风、服务等，将决定这项工程的成败。所以，应该通过外出学习、培训、交流等多种方式，培养各主体良好的意识、思想、观念、认知、经验、理论、视野，以及态度、作风、服务等，只有具备了高水平的工作能力，才能够干得出高质量的工作成效。

重庆市黔江区在加强地方民族村寨传统文化保护上就提出，加强人才培养，壮大保护传承力量。建议文化、教育等部门应合编当地乡土文化地方教材，以中小学校本课程形式，在音乐、舞蹈、美术课堂上普及民族民间文化，使民族民间文化在青少年群体中传承。加强专业人员培训和交流学习，聘请传承人授课，创

— 125 —

新传承方式，使传承方式由个体走向群体；一年最少召开1次非遗保护研讨会，创办相关刊物或非遗集成，撰写学术论文，加强对非遗保护工作的研讨，协助市非遗中心编辑出版非物质文化遗产保护丛书，进一步宣传非遗保护工作。抓好基层政府工作人员、代表性传承人培训工作，强化基层工作力度和业务技能。

建构传承人的培养制度、学习制度、培训制度、保障制度、传承制度和筛选制度。通过多种途径、手段和渠道，加大对留守人群的如思想教育、组织领导和技能培训，使现有留守人群能够担负起传统体育活动的演绎者、参与者，进而成为传统体育文化的传承者、保护者。引导树立族民的自觉性格，加强人们对家族观念、传统文化、民族信仰等方面宣传、教育、引导和鼓励，促成人们对民族文化的认知和自觉。树立当地居民对家族集体的凝聚，对家族归属的自信，对家族文化的崇尚，对家族秩序的自觉。

二、供给技术

（一）优化技术结构

如前所述，技术指少数民族特色村寨传统体育文化融合发展诸如在保护、传承、开发、运用等方面所形成或具备的经验、知识、技巧等。根据本研究的核心靶向，技术结构一是指促进特色村寨政治、经济、社会、文化和生态文明建设即"五位一体"总体布局充分协同的技术；二是指促进特色村寨保护与发展充分协调的技术；三是促进特色村寨传统与现代充分融合的技术。

1. 促进村寨"五位一体"总体布局充分协同的技术

（1）政治建设。把传统体育活动的开展融入到村寨民族团结进步创建活动中，把传统体育活动作为民族团结进步示范创建的重要内容、手段和方式，把促进民族团结进步和各民族相处更加和睦作为村寨传统体育文化活动开展的重要目的。组织动员村寨居民投身到传统体育文化活动的民族团结创建活动中来，把传统体育文化活动的民族团结进步创建活动持续引向深入。充分利用和借助节日、舞台、广场等开展传统体育文化表演、竞赛、健身、娱乐等活动，并将其纳入到村规民约中，以及文明家庭、文明村民、民族团结进步模范村和模范个人等评选中，增强村寨居民参与传统体育文化活动的自觉性和积极性。同时，加强有关传统体育政策、知识和法律法规的宣传教育，把传统体育文化活动开展的功能和目

第七章 供给侧结构性改革：我国少数民族特色村寨传统体育文化融合发展的路径设计

的扩展到化解民族团结的矛盾纠纷，形成各族群众团结友爱、互帮互助的良好氛围上来。积极、深入开展传统体育文化活动在促进民族团结进步中的宣传教育，切实打牢传统体育文化活动在促进民族团结进步创建中的思想基础和群众基础。

（2）经济建设。要把传统体育文化开发成经济资源，要把传统体育文化融合发展在村寨的民族特色旅游业中，充分发挥传统体育文化的旅游资源优势，把村寨经济发展与特色传统体育文化有机结合起来，培育壮大特色村寨乡村旅游。深入挖掘传统体育文化，将传统体育文化元素有机地融入到民族村寨旅游产品开发的各个环节中。在举办的少数民族节日庆典、文化活动中，更多地集中展示村寨传统体育文化，丰富村寨游览内容。加大对传统体育文化特色资源的包装、推介及宣传力度，发挥传统体育文化在推动民族乡村发展中的引领作用，培育特色村寨传统体育文化旅游示范项目，形成特色村寨旅游品牌，提升传统体育文化及特色村寨影响力。

（3）社会建设。要把传统体育文化的融合发展与促进人们的交流交往、和谐关系联系起来。通过传统体育文化活动的开展，舒缓人们的工作压力、释放人们的生活不愉，营造和谐、欢快、良好的生活氛围和社会环境。同时，着力于村寨个体及群体的社会化发展，通过传统体育活动起到对族员的教化与道德规制，影响并制约民族成员的精神生活。充分挖掘和发挥传统体育文化在民族特色村寨建设发展中的精神动力，增强民族感召力与凝聚力，促进各民族团结和繁荣发展，促进社会文明与发展。

（4）文化建设。有效保护与传承传统体育文化，经常开展传统体育文化活动，把传统体育文化作为地方民族文化、传统文化、乡土文化保护与传承的重要内容。包括保护好与传统体育文化相关联的传统建筑、文物等文化遗产。积极做好村寨传统体育文化遗产的普查、搜集、整理、出版和研究，归类建档，妥善保存。静态保护与活态传承相结合，将传统体育文化与民族语言、歌舞、生产技术和工艺、节日庆典、婚丧习俗等融合。重视发现、培养传统体育文化能人、传承人，鼓励传统体育文化进校园、进课堂，鼓励社会各界人士参与村寨传统体育文化建设和群众文娱活动。积极推动传统体育文化产品开发，积极搭建群众性传统体育文化活动平台，鼓励村民开展传统体育文化活动，丰富群众业余文化生活，增强乡村旅游特色和元素，支持群众创办具有当地特色的传统体育文化团体、表演队伍，精心培育根植群众、服务群众的传统体育文化活动载体和文化样式。积极彰显和渲染村寨传统体育文化氛围，丰富、提升和渲染村寨传统文化韵味，促进整个村寨传统文化的复苏与活态，建构和引领村寨良好的文化生态和文化风尚。

（5）生态文明建设。通过传统体育活动的开展，积极彰显人与村寨自然的生存依恋，以及人融入自然、亲近自然、爱护自然的价值追随。如武陵山区民族村寨的传统体育，大多反映了当地居民的生存、生产、生活与劳动，呈现出村寨居民适应自然、征服自然、改造自然的愿望和能力。通过对传统体育文化这些"自然生态"元素的解读，通过多种方式宣传人与自然必须和谐的思想和精神追求，充分借助传统体育文化崇尚自然的文化特性，进而促进人们产生与自然和谐的情感认知，树立对自然的和谐意识①。同时，传统体育文化的融合发展，要与培养人们的品质、美德，塑造和反映村寨精神风貌和文明礼尚相结合起来。常年在村寨里的草坝、山上举行传统体育文化活动，通过传统体育文化活动的活态演绎，把传统体育文化与村寨里的山、水、石、木等所具有的故事传说和生发情节呈现得淋漓尽致和丰富生动，以此培养和教化人们依附自然、敬畏自然、保护自然，赋予和彰显村寨良好的生态性、传统性和文明性。

2. 促进村寨保护与发展充分协调的技术

保护与发展是少数民族特色村寨建设两大主题，村寨失去保护就会失去传统的、历史的基础和肌理，失去发展就会失去当下的、未来的存在。少数民族特色村寨传统体育文化的融合发展，既要体现在保护上，又要体现在发展上。这种保护与发展是相协调的，发展是在保护的基础上发展的，保护是基于发展而保护的。所以，传统体育文化的融合发展在促进少数民族特色村寨保护与发展的协调上，要注意把握一个度的问题，这个度既能体现出村寨的保护又能够体现出村寨的发展。

从文化生态学的视角，传统体育文化的融合发展，要求要保护好传统体育文化所赖以存在的村寨空间。也就是说，传统体育文化的融合发展，必须保护好村寨里的自然生态环境、民居环境、民俗环境，这本身也是保护少数民族特色村寨的根本要求。同时，通过传统体育文化的融合发展，还必须要促进少数民族特色村寨基础设施、民居环境的改善，提升人们精神品质和文明素养，以及村寨政治、经济、社会、文化和生态文明的发展。通过这些发展，为村寨发展注入潜

---

① 冯胜钢. 我国少数民族传统体育与少数民族地区和谐社会的构建［J］. 北京体育大学学报，2007（11）：1842.

第七章　供给侧结构性改革：我国少数民族特色村寨传统体育文化融合发展的路径设计

力、增加动力、增添活力，让村寨呈现出积极健康的发展态势，让整个村寨因传统体育文化的融合发展而显得有朝气、有活力。

3. 促进村寨传统与现代充分融合的技术

传统体育文化的融合发展，不能一成不变地因循守旧，既要保持传统又要体现现代。少数民族特色村寨得以存在和命名，就是因为很多传统元素的存在。传统体育文化的融合发展，必须以体现和保护少数民族特色村寨的传统为"根"，若失去了这个"根"，就是对少数民族特色村寨建设的一种破坏。因此，少数民族特色村寨传统体育文化的融合发展必须具备体现、彰显和维护少数民族特色村寨"传统"的技术，而这种传统同样体现在少数民族特色村寨的自然生态传统、民居生态传统、民俗生态传统上。

同样，传统体育文化的融合发展要能够充分彰显和体现出少数民族特色村寨的现代元素，即或在传统体育文化的样态中，也要体现出一种发展式的现代性，没有现代性就没有发展性，没有发展性就没有适应性，就很可能导致传统体育文化在现代发展中难以存在。因此，根据大多数实践经验来看，可以借助现代新媒体技术、工艺技术、材料技术、文化技术，丰富、发展传统体育文化的活动内容、表演形式、表演场域等，凸显和烘托出少数民族特色村寨传统体育文化融合发展的现代性。

（二）提升技术质量

技术质量主要是指传统体育文化融合发展实施过程中所采用、运用的技术的科学性、合理性与精准性。更具体地讲，是实践主体在传统体育文化融合发展上的经验水平、知识水平和技巧水平。因此，必须通过培训、交流、学习、宣传和教育等形式，提高主体对传统体育文化融合发展的相关知识与理论，提高供给主体的相关理论知识水平；通过交流、学习等，丰富供给主体的经验水平和技巧水平。

提升技术质量，一是强调技术全面性，即传统体育的融合发展，必须兼顾促进少数民族特色村寨政治、经济、社会、文化、生态文明建设即"五位一体"总体布局充分协同的技术，村寨保护与发展相互协调的技术，村寨传统与现代相互融合的技术；二是实效性，即每一项技术的实施或开展，都必须聚焦在质量与效益上，力求以最小的投入换来最大的效益，这是必须遵循的一个最基本的投入—产出效应原则；三是可持续性，防止用牺牲后代人的利益来博取当下人的满足，破坏传统体育的可持续利用与发展；四是遵循传统文化的本真性，防止一味地、无原则性地抛"根"灭"本"式地"创新发展"，只顾模仿、融合现代文化而不顾文化的传统面目，导致传统体育文化失真、失范。

三、供给产品

（一）物质文化产品

少数民族特色村寨传统体育文化融合发展，首先，就是要能够保证传统体育文化能够用人们的肢体活动形式出现在村寨中，让传统体育文化活动能够让人们可观、可感、可参与，保证传统体育文化以一种活动的方式活态地存在。其次，要能够让与传统体育文化有关的自然环境、民居样态、建筑遗址、器物道具等都能够保留和呈现出来，以此烘托传统体育文化及村寨的厚重，让人们目睹传统体育文化和少数民族特色村寨的传统肌理，让传统体育文化看得见、摸得着。如武隆区探索建立了村寨资源保护和公益设施保护机制，每个村寨组建了3～5人的管理队伍，对村落的古迹、古墓、古树、古建筑及非物质文化遗产，公路、水利、文化、体育等设施进行统一的保护。

传统体育文化物态形式的彰显，最关键、最核心的就是要建构传统体育文化的地理空间坐标。所谓空间地标，是指在传统体育文化事项起源地选取一个有代表性的地理位置作为空间地标。在地理含义上，代表传统体育文化事项起源地和归宿地的精确位置，并以此为中心点形成一定地理区域。在文化含义上，它反映的是传统体育文化事项的地域特点和历史文脉，是传统体育文化事项重要的标志性景观，也是传统体育文化事项历史发展的一个整体依附和真实缩影。空间地标凸显传统体育文化事项的原始概貌，充分遵循了国际上对非物质文化遗产进行完整性、真实性保护的核心原则。传统体育文化事项空间地标的设立，对少数民族特色村寨建设和传统体育文化的保护与发展，都有非常重要的意义。

以河湾村摆手舞而言，摆手舞空间地标应该建立在后溪，因为后溪才是摆手舞文化孕育、产生与发展的"根""脉"和"源"所在地，后溪才是酉阳摆手舞的始发地、归宿地。摆手舞空间地标的构建，应以后溪古镇—河湾古寨—摆手堂等具有典型意义和特征的自然物为主要标志，然后以这些标志物所构成的一体性区域为地标中心，以土家居民集中居住地和可视范围为空间地标的整体区域，把

第七章 供给侧结构性改革：我国少数民族特色村寨传统体育文化融合发展的路径设计

这个自然空间作为空间地标的地标空间（图7-2）。

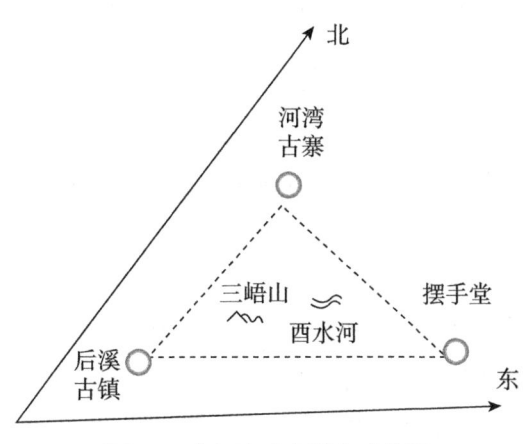

图7-2 摆手舞空间地标建构图

然后，围绕这个空间地标对与传统体育文化事项相关的物态要素进行重构与保护：一是保护好自然山水环境。后溪的三峿山、酉水河及当地小气候等是保护的重点。具体如保护好山上的植被、古遗址、山体、岩石等，不得进行人为破坏；保护好酉水河的水质、河堤、河岸及其沿岸植被，以及河中的水生物，严禁污染物排放，保护好空气质量。二是在对这些自然物进行建构和保护中，要连同它的文化性一同进行认知和保护，如通过流传下来的故事、传说、典故等，建构人们对这些自然物的人文性和民族情怀。特别是要保护好摆手堂，因为摆手堂是摆手舞的核心地标和核心象征，防止遭自然因素破坏。三是保持好河湾山寨和后溪古镇的原始风貌，包括古建筑、古街道、古院坝等，如田家、彭家、白家祠堂，土家吊脚楼，土王庙、八部大王庙遗址，石板街、禹王宫、水井旁、高碑脚等。四是原貌修缮和管理破坏严重或处于危旧的遗产物，以及与摆手舞相关的文字、图像、文本、音乐等。如诗词"福石城中锦作窝，土王宫畔水生波，红灯万盏人千叠，一片缠绵摆手歌"[1] "摆手堂前艳会多，姑娘联袂缓行歌。咚咚鼓杂喃喃语，煞尾一声嗬也嗬"[2] "千秋铜柱壮边陲，旧姓流传十八司。相约新年同摆手，春风先到土王祠"[3]；打击乐——／咚咚喹／咚咚喹／咚喹／咚喹／咚咚

---

[1]彭施铎：《溪洲竹枝词》，清代诗人。
[2]彭勇行：《竹枝词》，清代诗人。
[3]潘乃谷．情系土家研究[M]．上海：上海锦绣文章出版社．2008．

哩／；土家语大摆手歌《梭尺卡》（部分）："$me^{55}ni^{21}nie^{55}$，$si^{55}pau^{55}jia^{21}$；$tshe^{35}ni^{21}nie^{55}$，$ti^{53}pau^{55}jia^{21}$；$zo^{53}ni^{21}nie^{55}$，$xu^{55}pau^{55}jia^{21}$；$se^{53}wai^{53}nie^{53}$，$se^{53}khu^{53}sa^{21}$"等[①]，对摆手舞的建构与保护显得额外的重要和经典。

同时，还可以修建一个综合性的陈列馆，将传统体育文化以实物静态的方式嵌入在村寨中，建构村寨文化景观，构建村寨文化看点，传统体育文化与村寨时时共存，彰显传统体育文化与村寨在肌理与内涵上的融合发展。在陈列馆内通过陈列、展出、描述、说明、宣传、体验等方式对相关要素进行实物展示和保存，充分利用图文声像物及现代动漫技术，多形式、多角度呈现和叙述摆手舞要素，使摆手舞可读、可视、可感，实现当下人与摆手舞历史的对话，呈现和演绎土家先民的原始文化形态和智慧，能够让人们对摆手舞文化有一个全方面的了解和认知。陈列馆要进行类别区域的设置和划分，形成一种全面、有序的陈列结构空间。

（二）精神文化产品

精神文化是传统体育文化和少数民族特色村寨蕴含的最核心要素，传统体育文化和少数民族特色村寨的发展演进无一不是靠着自身固有的精神元素而为人们所世代继承发展的，这些精神文化蕴含着丰富的传统美德、人文礼仪，教会着人们的交流交往，滋养着人们的教化文明。如志向高远、诚实守信、刚正不阿、自强不息、重德贵义、律己修身等的修身美德；尊老爱幼、男女平等、夫妻和睦、兄友弟恭、勤俭持家、邻里团结等的齐家美德；精忠报国、勤政爱民、秉公执法、见义勇为、助人为乐、讲求公正、礼貌谦让、公平交易、尊师重教、勤劳敬业、救死扶伤等美德，是很多传统体育文化都具有的。

传统体育文化的融合发展，首要就是要彰显出一定的精神文化内涵，同时，这种精神文化内涵是与村寨的建设发展一脉相承，是村寨发展所必需的或者说是其他文化所不能够赋予的。传统体育文化的融合发展，就是要把传统体育文化所蕴含的全部人文精神注入到村寨建设发展中，促进村寨精神文化的丰富与发展。另外，精神文化产品还反映在用于人们的健身、娱乐、休闲，以及交流、交往等层面。

精神文化产品主要通过当地土家居民身体力行地体验、认知、创造、演绎和

---

①陈东．土家语摆手歌的艺术特征及其人文价值研究［J］．音乐探索，2012，（4）：59-64．

第七章　供给侧结构性改革：我国少数民族特色村寨传统体育文化融合发展的路径设计

传颂来建构和保护，当然也希望得到族外人的认知、挖掘和传播。在认知、宣传、教育和实践过程中，要与传统体育事项的动作内容、队列队形、音乐、道具、仪式，以及自然山水物、风俗习惯、人们的生产生活方式、建筑风貌文化等相结合，并融入当地的一些传统文化、活动庆典、传统节日等文化活动体中。同时，要建构这些理念变量与现代生活、现代文明和现代文化的融合机制、揳入机制和调适机制，建立这些精神文化在当今现代文明理念中的嫁接点、契合点和调适点。在传播过程中，可以通过编辑成为知识读物、声像、图解等形式，在家庭、学校、陈列馆等场域中广为传承、宣传和普及，可以结合电视、光碟、网络、视频等新兴媒体进行宣传、介绍和解读，让传统体育精神文化可读、可视和可感。其最终的目的和要求是培养人们对传统体育文化传承与保护的热情、责任、自觉和认同。

(三) 制度文化产品

传统体育文化的融合发展，一是要把制度文化演绎得淋漓尽致，同时要融入到村寨的建设与发展中，要把这些文化元素融汇和注入到村寨文化的血脉和肌理中。以河湾村摆手舞为例，摆手舞制度文化的重构与保护，一是对如民歌、山歌、打渔歌、木叶情歌、摆手节、祭祖节、过赶年、赛龙舟等文化一同进行保护；二是建议恢复摆手舞的传统节日。将酉阳县每年举办的"中国·酉阳土家族摆手舞欢乐文化节"固定在某个传统节日里举行，举行的地点在河湾村摆手堂。同时，在其他的一些传统节日里，当地居民在族民自治下举行摆手舞活动，活动地点在摆手堂。根据河湾村当地居民介绍，腊八节和三月三等是他们跳摆手舞的传统节日，所以应该在传统节日里开展摆手舞活动，通过制度文化来体现河湾村及摆手舞的活态性、节律性和传统性。

(四) 行为文化产品

少数民族特色村寨传统体育文化的融合发展，最关键、最核心的是要让传统体育文化能够在村寨里是一个"活物"，能够在人们的生活实践中"动"起来、"活"起来、"舞"起来，并且是生活的、习惯的、常态的、自由的、开放的和灵活的，为少数民族特色村寨注入"活力"元素和增添"活力"引擎。因此，要避免单纯的、停留在形式上的、特定需求与环境下的舞台表演和竞赛交流，要去工具化、去功利化、去附丽化，要以村寨居民自发的生活供给、生活需求为目的。所谓活态，是指摆手舞文化一定要有人在组织、在参与、在演绎，若缺乏人的相关组织、肢体活动，哪怕是建立一个多么优质的博物馆、陈列馆、文化馆，充其量只是作为一个保存资料的场所而已，并不能够使传统体育文化活态化起来。因为传统体育活动必定是一项身体活动文化，而不是一件文物、一门手艺或一门观赏性艺术。

传统体育的活态化建构主要包括活态传承和活态演绎。活态传承主要通过传承人方式进行（图7-3）；活态演绎则主要通过传统节日、节日庆典、赛事活动、旅游表演、业余健身娱乐等方式进行。应该重点抓好当地的"学校教学式"传承、"居民生活式"传承和"社团表演式"传承。在传承和演绎中，要保护好动作内容的原生态，包括动作内容、队形队列、服饰、道具、音乐和动作风格等。另外，通过图7-3、视屏、录音、图解等多种方式进行记载，起到固化、保护和传承的作用。

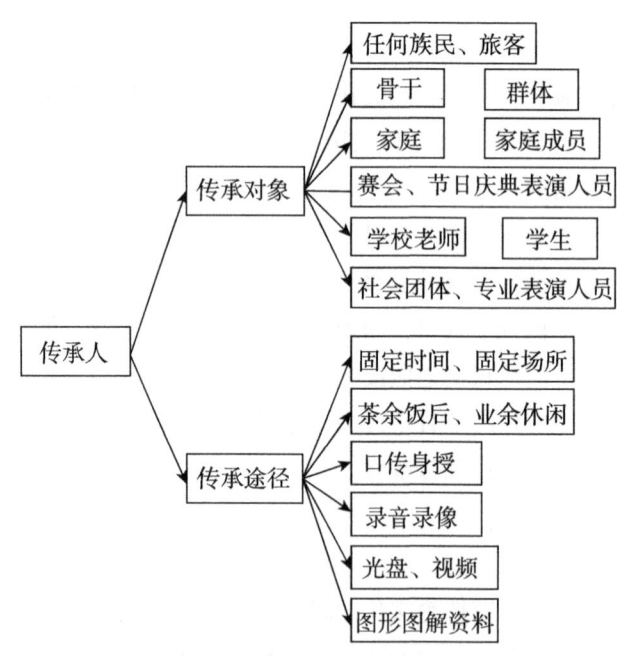

图7-3 传统体育活态传承方式图

同时，提升传承人特别是当地居民的行为文明度与开放度。通过人们行为的塑造来彰显民族村寨的文化性、厚重性、历史性，增强民族村寨的文化感、历史感与厚重感。让当地居民的行为既具有传统性、民族性和乡土性，也不乏现代

第七章　供给侧结构性改革：我国少数民族特色村寨传统体育文化融合发展的路径设计

性、发展性，以此彰显少数民族特色村寨保护与发展、传统与现代的充分融合与协调。

四、供给资金

针对当前乃至今后一段时间内资金供给单一、短缺等问题，应整合资源，加大投入力度，拓宽投融资渠道。少数民族特色村寨传统体育融合发展是一项系统的长期性工作，需要整合资源，形成帮扶合力。建议省市级政府加大对民族区县少数民族特色村寨传统体育融合发展资金投入力度，落实专项经费保障少数民族特色村寨传统体育文化的保护与发展。区县要把特色村寨建设及传统体育融合发展与乡村振兴战略、乡村旅游、民族团结进步创建和民族文化建设等结合起来，以特色村寨建设为平台，以社会主义新农村建设和旅游产业发展项目为载体，统筹安排、积极推进，集中财力办大事，并充分调动干部群众建设特色村寨的积极性，共同努力推进少数民族特色村寨传统体育文化的融合发展。

加大各级财政对基础设施特别是包括传统体育文化在内的公共文化服务设施的投入力度。制定出台鼓励政策和措施，引导动员社会力量，开展村寨传统体育公共文化服务扶贫公益行动。支持企业通过政府和社会资本合作（PPP）模式投资、建设、运营公共文化服务项目。优化政府投资使用方向，改进政府投资使用方式，通过投资补助、基金注资、担保补贴、贷款贴息等方式，支持社会资本参与包括传统体育在内的公共文化服务建设，强化政府投资的引导带动作用。发挥开发性金融先导作用，加大对传统体育文化旅游业开发的金融支持，建立完善投融资主体，建立传统体育文化旅游企业融资协调机制，支持符合条件的企业通过多层次资本市场，以债权、股权等多种形式融资。

特别是民宗委，要加大对特色村寨包括传统体育在内的传统文化保护的工作指导和资金支持，特色村镇传统体育融合发展工作推进情况将作为分配少数民族发展资金的重要参考依据。区县政府要完善政策体系，对传统体育的保护给予政策支持，结合扶贫脱贫、乡村旅游等建设，整合各级各类项目资金资源，统筹安排，保证民族特色村镇及传统体育融合发展的基础设施、产业发展等方面建设的资金投入。同时，注重吸引社会资金、采取市场化运作参与民族特色村镇的产业培育、改善民生等方面建设，有效破解资金投入难题。充分尊重村民的知情权、参与权、决策权和监管权，积极调动村民参与保护与发展的积极性、主动性和创造性，实现群众参与，合作共赢。在村镇广泛开展宣传活动，发动村民积极投工投劳、自筹资金参与少数民族特色村寨的共建共享。

同时，创新投入机制，设立村寨传统文化保护与传承专项资金，同样，要求乡镇、居（村）委会对传统体育文化的融合发展设立专项资金，着重在服务设施、保护和传承民族文化等方面提档升级。如武隆区打捆高山生态扶贫搬迁、农村危旧房改造、农村人居环境改善、产业扶贫等资金，每个民族村寨基础设施资金按照不少于800万元筹集，对验收合格的民族村寨给予一次性奖补100万元，鼓励社会资金和专业团队以租赁、承包、联营、股份合作等多种形式投资村寨旅游项目的开发和建设。截至2017年，3个特色村镇建设总投入7 621万元，在人居环境整治、特色民居改造、特色产业培育等方面有着显著提升。另外，创新经营机制。鼓励村寨居民开展旅游服务，对新增接待床位每张一次性奖补500元，对创建合格的3、4、5星级示范户，分别一次性奖补1万元、2万元、3万元。引导民族乡镇和村组组建合作组织，开展联合经营，实施"公司+农户""公司+协会+农户""村委会+公司+农户""企业+合作社+农户"等经营管理模式，实行统一宣传促销、统一接团分客、统一收费标准、统一结算账目。今年1—9月，少数民族特色村镇接待游客达50万人次，经营收入达到3 000万元。充分激活村寨包括传统文化在内的自身造血功能，弥补供给资金短缺、单一和不灵活问题，为传统体育文化的融合发展奠定良好的经济基础。

小结

供给侧结构性改革的关键是推动供给侧的结构性调整，通过创新供给结构引导需求结构的调整和升级，在我国经济进入新常态、文化进入全球化的环境下，包括传统体育在内的文化及文化产业发展不可避免面临和存在着结构性失衡，"供需错位"成为传统体育文化融合发展中比较突出的问题。为此，要推动我国少数民族村寨传统体育文化的创造性转化和创新性融合发展，我们必须顺应国家供给侧结构性改革背景和思维，提升传统体育融合发展供给质量，调整传统体育供给结构，优化传统体育供给资源配置，提升传统体育供给效应，促进传统体育融合发展的持续有效供给。这既是传统体育顺应我国少数民族特色村寨建设的必然趋势，也是传统体育文化内部质量提升的必然之举。结合供给侧结构性改革相关理论和我国少数民族特色村寨传统体育文化发展实际，以及少数民族传统体育与村寨建设融合发展相关理论与本质要求，我国少数民族特色村寨传统体育融合发展的供给侧要素主要为供给主体、供给技术、供给产品、供给资金"四大要素"。

第七章　供给侧结构性改革：我国少数民族特色村寨传统体育文化融合发展的路径设计

但在现实中，这四大供给要素在结构配置和质量效应上，都存在着不同程度的矛盾与问题。为此，我们在实践中，必须以问题为导向，传统体育文化的融合供给，必须遵循以少数民族特色村寨建设为落脚点、以供给侧全要素协同为着力点、以提质增效为兴奋点、以融合式发展为触动点、以保护传统体育文化为基本点、以满足人们的日益需求为根本点的原则导向。同时，要着力优化供给主体、供给技术、供给产品、供给资金的要素配置，提升供给主体、供给技术、供给产品、供给资金的要素质量，提升传统体育文化在我国少数民族特色村寨的供给质量与效应，促进我国少数民族特色村寨传统体育文化的高效、有序融合发展。

第八章
我国少数民族特色村寨传统体育文化融合发展的机制构建

少数民族特色村寨传统体育文化的融合发展，是一个外因与内因综合作用的结果，需要特定的如政策、经济、社会、信息等外部条件作为支撑和保障，也需要当地居民的自觉性和认同感作为根本动力。所以，探究和构建少数民族特色村寨传统体育融合发展的外部环境机制和内部动力机制，是促进少数民族特色村寨传统体育文化有效融合发展的根本要求与有效方法。

第一节 外部环境机制

少数民族特色村寨传统体育融合发展的外部条件，是指在当下及未来一个历史时期内，少数民族特色村寨传统体育融合发展所面临的各种社会环境和条件。显然，在这些外部条件中，既有促进少数民族传统体育更好传承发展的，又有阻碍少数民族传统体育传承发展的。根据题意，在此仅讨论有利于促进少数民族传统体育传承发展的外部条件。

一、政策

政策对少数民族特色村寨传统体育融合发展系统（后文统称"村寨传统体育文化融合发展系统"）具有引导、激励、管制、规范等作用，这里的政策主要是国家和地方政府有关村寨政治、经济、社会、文化和生态文明建设，以及传统体育等传统文化、乡土文化保护、开发与利用等方面的一些制度性、规范性、发展性、支持性规划、要求、措施、意见等。根据自组织理论，政策的输入使"传统体育文化融合发展系统"要素出现分化，国家或地方政府出台、发布的有关村寨建设的文件、制度、要求、规划、意见、通知等，都会驱使村寨传统体育

第八章 我国少数民族特色村寨传统体育文化融合发展的机制构建

文化融合发展系统内部要素之间出现差异化，村寨传统体育文化融合发展系统要素之间一旦出现差异化就会使系统原来的平衡态被打破，传统体育融合发展的供给方式、供给内容等就会要求发生相应的改变、调整与优化，系统进而走向和出现自组织现象。特别是有关乡村政治、经济、社会、文化和生态文明建设的"五位一体"总体布局，新农村建设，特色村寨建设，乡村振兴战略，精准扶贫，传统体育等传统文化保护与传承、开发与利用等方面的政策，极易引起"传统体育文化融合发展系统"要素之间的差异进而出现自组织现象。

中华人民共和国成立以来，党和政府始终高度关注各少数民族的繁荣发展问题，尤其是立足于因历史原因而形成的少数民族聚居地区经济、社会大多滞后发展的事实，党和政府出台了一系列促进少数民族地区有效发展的优惠政策和措施，形成了中国有史以来最好的民族政策体系。县级以上各级政府都设置了专门进行民族工作的职能部门，力求通过政府的领导、扶持促进各少数民族政治、经济、社会、文化和生存环境的全面发展。这种政治环境和政治前提，不仅是少数民族村寨获得包括传统体育文化在内的全面发展的重要政治和政策保障，而且还是少数民族地区通过转移支付等渠道而获得更好的经济扶持的重要基础。改革开放以来，在党和政府的领导和积极扶持下，不仅促进了少数民族传统体育在民族村寨中更好的发展，而且还着力领导、开辟、提倡通过举办传统体育运动会、传统体育进校园、传统体育进广场、传统体育进景区等发展路径与方式，并都分别取得了一定的成效。因而，党和政府的高度重视是少数民族传统体育在少数民族特色村寨更好地实现融合发展的最为重要的外部条件。

譬如，国家体育总局和国家民委联合印发的《关于进一步加强少数民族传统体育工作的指导意见》中，强调要坚持"推动民族团结进步、促进群众身心健康"的宗旨，推进少数民族传统体育文化传承发展，丰富少数民族传统体育活动，促进全民健身和全民健康深度融合，不断满足人民日益增长的美好生活需要，为促进各民族交往交流交融，加快推进社会主义文化强国、体育强国建设发挥重要作用。充分利用少数民族传统体育的多元价值，服务国家经济、政治、文化、社会和生态文明建设，全面助力乡村振兴战略、区域协调发展战略和体育强国战略的实施；充分发挥少数民族传统体育在弘扬民族精神、促进"五个认同"中的积极作用，扩大少数民族传统体育的文化影响力，增强中华文化自信；把少数民族传统体育事业发展纳入各级人民政府国民经济和社会发展总体规划；实施少数民族全民健身"六个身边"工程；办好少数民族传统体育赛事；加强少数民族传统体育传承创新；加强少数民族传统体育交流。特别要求要大力发展少数民族传统体育产业，助力乡村振兴和扶贫攻坚，把少数民族传统体育作为推动民族地区经济社会发展的重要力量，纳入到少数民族地区乡村振兴战略，充分利用国家扶贫政策和兴边富民政策，加强少数民族传统体育资源开发和产业扶持力度，推进少数民族传统体育与旅游、文化等融合发展。引导社会力量推动少数民族传统体育与旅游业相结合，利用运动休闲特色小镇、体育休闲旅游等项目，通过组织开展本民族、本地区特色的传统体育赛事、活动和表演等宣传体育旅游资源，扩大市场影响力。扶持一批具有市场潜力的中小企业，引导少数民族传统体育相关的体育用品制造业发展，努力打造少数民族传统体育综合化、集群化的产业价值链。

不难发现，这些政策都要求和强化村寨政治建设、经济建设、社会建设、文化建设和生态文明建设的融合发展，以及传统体育文化资源在促进村寨政治建设、经济建设、社会建设、文化建设和生态文明建设融合发展上的价值和作用开发。因此，政府主体和当地居民也必然要在村寨政治建设、经济建设、社会建设、文化建设和生态文明建设的融合发展，以及传统体育文化的资源性开发上定目标、定要求、拟措施、付行动。如重庆酉阳河湾国家级少数民族特色村寨就采取了五项举措，助推河湾特色村寨提档升级。一是实施民居风貌包装，仿古改造房屋 100 余幢，新建吊脚楼 20 余幢，合理加固保护古建筑 2 处。二是实施基础设施配套，在寨内铺人行步道 3 200 余米，修建河堤 500 余米，全面完成寨内饮水管道铺设，新建一座净化蓄水池、一个休闲广场、一个生态停车场、一个公共厕所、两个旅游码头，增设了山寨导游图和旅游指示牌。三是实施环境综合整治，集中修建两幢圈舍，修建 3 条排污管辐射到每户的生化处理池，修建一个垃圾处理场，聘请专人对河湾水域的漂浮物进行日常打捞，在酉水河沿岸栽竹 1 000 余垄、栽景观树 3 000 余棵。四是实施民俗文化保护，积极搭建文化活动平台，每年举办龙舟赛、土家族摆手舞大赛等节庆活动，发展培育了龙舟队 2 支、歌舞队 1 支。加强非物质文化保护，成功入围国家级非物质文化遗产保护名录 3 项、市级名录 5 项、县级名录 20 项。五是实施旅游产业带动，培育农家乐 30 余家，星级餐馆 6 个，特色土特产商店 3 个，新增游船 30 艘，扶持农村专业合作社，开发蕨台、葛根粉、竹棕编织、柚子龟、河湾三宝等农特产品。

基于系统自组织而言，这些政策精神、内容与要求的激励和引导，以及举措的执行和实施，必然驱使村寨政治建设、经济建设、社会建设、文化建设、生态

第八章 我国少数民族特色村寨传统体育文化融合发展的机制构建

文明建设在水平、质量和内容上出现新的高度、深度和广度，相互之间也会出现新的差距和差异，传统体育文化融合发展整个系统的要素结构也必然会出现不平衡，这就要求和驱使传统体育在融合发展的供给内容、供给方式、供给目标、供给模式、供给机制、供给措施上要进行调整和优化，使传统体育文化更加有效有序地促进村寨政治、经济、社会、文化和生态文明建设的融合发展。这种政策要素的输入，不仅驱使传统体育文化融合发展系统要素结构在深度、广度上的变化，还驱使传统体育文化融合发展系统要素结构出现不平衡的速率。

总体而言，政策作为传统体育文化融合发展系统的外部环境变量是多维度、多层次、多形式的，是引导和鼓励相关主体积极实践，驱使和优化传统体育文化有效有序融合发展的重要手段。政策把传统体育与村寨政治建设、经济建设、社会建设、文化建设和生态文明建设的融合发展紧密联系在一起，为传统体育文化融合发展系统的自组织创造必要条件，成为传统体育文化融合发展系统走向和出现自组织的动力。因此，政府职能部门和基层政府必须全面落实党和政府的各项民族政策，尽力聚集和整合各种有利于少数民族村寨现代化建设的资源，为少数民族村寨的建设提供更为良好的外部环境和条件，促进少数民族村寨的现代化建设。显然，优化环境和条件包括了良好的政策环境、强有力的领导和更为强大的物质基础，并在尽力优化环境和条件的基础上，积极引导少数民族村寨组织和广大村民，充分依靠和借助这些良好的环境和条件，促进本民族、本村寨包括传统体育在内的文化建设，以便通过这种文化建设，促进本村寨的政治建设、经济建设、社会建设和生态文明建设，同时充分彰显本村寨的民族文化特色。

二、信息

根据自组织理论，信息的输入与输出是衡量系统开放性的重要指标，是系统实现自组织或有序化一个非常重要的必要条件。所谓信息，主要是指"消息""情报""知识"等。系统中主体的能动、决策、行为与实践，都是基于和依赖于一定信息的结果，系统能否自组织化运行，主要取决于信息的输入、流动、利用、转化、反馈、再组织等。基于少数民族特色村寨传统体育文化融合发展而言，信息内容主要包括以下几个方面。

（一）政策信息

主要是国家、政府有关村寨政治建设、经济建设、社会建设、文化建设和生态文明建设，传统体育等传统文化保护与传承、开发与利用等方面的政策信息。政策信息对村寨传统体育的有序融合发展具有前瞻性、指导性、指引性、保障性、动力性、目标性和目的性，能不能及时、有效、充分、精准地获取和利用到政策信息，是决定传统体育能否与村寨建设有序融合发展的重要保障和根本前提。

（二）社会信息

社会信息对村寨传统体育的有序融合发展具有引导性、启发性、学习性、借鉴性、目标性和参照性，传统体育与村寨建设的融合发展，在很大程度上必须通过获取一些城市、村寨的政治、经济、社会、文化和生态文明建设，传统体育等传统文化保护与传承、开发与利用，以及与政治、经济、社会、文化和生态文明建设融合发展的现状、趋势、需求等信息作为行动实践的标准、参照和目标，进而调整和优化传统体育融合发展的供给内容、供给方式、供给目标、供给模式、供给机制和供给措施等，促进和实现传统体育的有序融合发展。

（三）资源信息

主要是指传统体育与村寨建设融合发展的各种平台、载体、机会、人力、资金、支（扶）持项目、专门活动、专项建设等供应信息。资源信息对村寨传统体育的有序融合发展具有基础性、支撑性和保障性，传统体育与村寨建设的融合发展需要一定的资金、人力、机会、平台与载体等作基础、作支撑、作保障。同时，传统体育与村寨建设的融合发展，很大程度上是传统体育的一种活动组织或文化符号植入，而这些都需要借助一定的平台与载体等媒介资源。

（四）技术信息

主要是指其他村寨的传统体育等传统文化保护与传承、开发与利用，特别是与政治、经济、社会、文化和生态文明建设融合发展的方式、方法、模式、机制、对策等技术信息。技术信息对村寨传统体育的有序融合发展具有启发性、学习性、借鉴性和参照性，传统体育与村寨建设的融合发展，在很大程度上与技术相关。因此技术是关键。这里的技术，主要是指传统体育融合发展的供给方式、供给方法、供给模式、供给机制、供给路径和供给对策等。良好的技术信息可以在很大程度上节约资源、避免偏差、提高效率，特别在当前我国传统体育文化资源保护、开发与利用的理论、认知、经验、方法等还不成熟、不系统、不丰富的情况下，很多地方的做法都还处于摸着石头过河的阶段，这就要求必须要充分学习、借鉴和吸收别人的成功经验和先进做法，并结合自身实际创新性、创造性地"依葫芦画瓢"。

譬如，重庆酉阳河湾国家级少数民族特色村寨，地方政府在对摆手舞的保护与传承、开发与利用过程中，不断地到秀山、黔江、沿河、来凤、龙山、永顺等地考察、交流与学习，学习他们是如何对摆手舞等传统体育活动进行保护与传承、开发与利用的，采取了哪些方式、方法、模式、机制、对策、措施等将摆手舞等传统体育活动与地方政治、经济、社会、文化和生态文明建设进行融合发展的。他们通过学习到的方法、经验、模式等，再结合河湾村自身特点，对摆手舞的内容意义、活动方式等进行了创编开发。

（五）反馈信息

主要是传统体育与村寨政治、经济、社会、文化和生态文明建设融合发展的效应、问题等信息。"传统体育文化融合发展系统"正是通过对以上这些信息的获取、加工、利用和组织，从而调整和优化传统体育与村寨政治、经济、社会、文化和生态文明建设融合发展的供给内容、供给方式和供给效应，促进和实现系统的自组织化。反馈信息对村寨传统体育的有序融合发展具有诊断性、指导性、优化性和递进性。反馈是一般管理中的一个重要过程和环节，传统体育与村寨建设的融合发展其实也是一个管理的过程，因此离不开必要的反馈信息。同时，传统体育与村寨建设的自组织融合发展，也是一个不断优化、不断调整、不断改进的有序发展过程，因此，只有借助相应的反馈信息，才能够知道需要优化什么、调整什么、改进什么，以及怎么优化、怎么调整和怎么改进。反馈即预示着一种输入和输出，反馈是衡量"传统体育文化融合发展系统"开放性的一个重要指标，反馈信息量越大、越真实、越快速、越通畅、越精准、越全面、越深入，说明系统越开放，系统越能驱向自组织化。

以上这些信息内容的输入对"传统体育文化融合发展系统"所产生的作用和效应是各不相同的，但都是必需的。同时，系统所获取的信息量越大、质量越高、速率越快、渠道越畅通、方式越多样、效应越精准，说明"传统体育文化融合发展系统"就越开放，就越能够促进传统体育与村寨建设的自组织融合发展。"传统体育文化融合发展系统"正是通过对以上这些信息的获取、加工、利用和组织，从而调整和优化传统体育与村寨政治、经济、社会、文化和生态文明建设融合发展的供给内容、供给方式和供给效应，促进和实现系统的自组织化。

三、社会

所谓社会，是人们以共同物质生产活动为基础，按照一定的行为规范相互联系而结成的有机总体。构成社会的基本要素是自然环境、人口和文化，通过生产关系派生了各种社会关系，构成社会，并在一定的行为规范控制下从事活动，使社会得以正常运转和延续发展。这里的社会，主要是指社会为传统体育的融合发展所提供的条件、环境、趋势、氛围等，主要聚焦在以下几方面。

（一）文化全球化所引起的文化开放与交流

文化要流动、要交流、要互动才有活性，通过文化走亲、文化联姻、交流互动，才能够激活文化活力与氛围。因此，在强化少数民族传统体育文化与少数民族特色村寨建设的融合发展机制中，我们应尽力提倡、尽可能扩大少数民族村寨传统体育文化的对外交流。这种交流包括引进来和走出去两个方向。比如学习相邻而居的少数民族村寨所开展传统体育文化活动的经验，促进本民族村寨传统体育文化的传承和发展，这些就属于引进来的方式。这种方式之所以有效，主要原因在于相邻而居的不同少数民族村寨之间，虽然各自都分别具有自己的传统文化，但他们往往面临着相似，甚至是相同的生存环境和社会发展水平。当某些村寨也能在现有基础上更多地开展本民族传统体育活动时，一般说来与其相邻而居的其他少数民族村寨也应该具有很大程度的可能性。又由于这些村寨之间隔得较近，彼此之间的信息流动方便。所以，当重视和扩大引进来的路径时，更容易使同一区域内的不同少数民族村寨在开展本民族传统文化活动上形成互动交流，而又由于所处环境和社会发展水平相似甚至相同，使得流传在不同民族中的部分传统体育项目的活动方式、动作特征、使用器材等，完全可能通过此途径在多个民族村寨中被融合进入多个不同民族，有利于不同民族间的传统体育文化相互促进。

为此，通过举办大型的超越本民族、本村寨界限的传统体育活动，或通过参加政府主办的区域性传统体育文化表演或比赛等途径，不仅能加强本民族、本村寨传统体育文化的对外宣传，扩大传统体育文化的社会影响，提升本民族、本村寨民众对自己民族传统体育文化的热爱，提升村民的民族自信与自尊，使得在少数民族村寨中形成长期、有效开展本民族传统体育文化活动的更为坚实的基础。更能通过这些对外宣传活动促进区域、相邻村寨传统体育文化的保护与传承、繁荣与发展。

(二) 扶贫攻坚和少数民族特色村寨建设的强大社会趋势

我国西部少数民族地区特别是少数民族聚居区的发展水平，远远落后于东中部地区的发展水平，出现了较为突出的区域发展不平衡问题。为促进西部地区的更快发展，早在21世纪初，中央就提出和实施了"西部大开发"战略。尤其是党的十八大以来，在协调发展理念的指导下，为促进后进地区的快速发展，进一步处理好东部与西部，尤其是东部发达地区与西部少数民族聚居地区之间发展不平衡的问题，为在2020年前建成全国范围内的全面小康社会的目标，在党中央和国务院的统一领导下，开展了贫困村寨的脱贫攻坚工程。并且，为促进少数民族村寨的发展，在国家民委主导下开展了"中国少数民族特色村寨"建设工作。

扶贫攻坚和少数民族特色村寨建设，已经形成了当今时代最引人关注、开展最为强劲、波及范围最广的社会运行趋势之一。这种大趋势不仅充分动员了西部地区的力量，而且充分动员了东部发达地区的力量与西部地区的结对帮扶，使得在全国范围内，动员多方力量、整合多种资源轰轰烈烈地开展了贫困村寨的脱贫工作和少数民族特色村寨的建设工作。这种强大的社会运行趋势，正在为贫困村寨和少数民族聚居村寨引来了多种有利于发展的良好条件和资源，形成了有利于这些村寨更好、更快发展的外部条件。这些外部条件的优化，在促进村寨的全面发展中，自然也包括了对少数民族传统体育文化传承发展的促进。所以，这种社会运行的大趋势，是我国少数民族特色村寨传统体育文化融合发展的重要外部条件之一。

(三) 非物质文化遗产保护行动的兴起

五千多年的文明史，使中华民族拥有了众多的非物质文化遗产。据不完全统计，我国非物质文化遗产近87万项，已经进入国家、省、市、县各级非物质文化名录体系的非遗项目，就有7万项之多。从2000年起，我国开始为非物质文化遗产项目申报联合国教科文组织"人类非物质文化遗产代表作名录"。非物质文化遗产的保护工作越来越受到政府和各界的重视，以致国务院决定，从2006年起每年六月的第二个星期六为我国"文化遗产日"。非物质文化遗产保护行动,不仅包括了挖掘、整理各项非物质文化遗产,而且在某些项目进入国家、省、市、县名录后,都分别确认了该项目的主要传承人,由政府对传承人进行定期的资助,帮助传承人更好地传承非物质文化遗产。这一保护行动的持续兴起和不断强化,为我国非物质文化遗产的保护、传承和发展提供了宝贵的外部条件。

(四) 传承发展少数民族传统体育形式和路径的拓展

中华人民共和国成立以前,少数民族传统体育主要是在本民族聚居村寨中存在与发展。新中国成立后,尤其是改革开放以来,在党和政府的领导和扶持下,少数民族传统体育的传承发展形式和路径有了较大的拓展。不仅在少数民族村寨内部进行着传承发展,还通过举办少数民族传统体育的各级运动竞赛而促进其"竞赛传承";通过促进少数民族传统体育作为教育教学资源,走进各级各类学校教育的"学校传承";通过促进少数民族传统体育作为文化资源,而成为城镇广场文化活动内容的"广场文化传承";通过促进少数民族传统体育与旅游业互动结合的"表演传承"等。这些传承发展形式和路径的拓展,为少数民族传统体育更好地传承发展,以及村寨现实社会发展提供了更多的机会和更大的可能。因而,我们认为传承发展形式和路径的拓展,也是少数民族传统体育在少数民族特色村寨更好融合发展的外部条件之一。

(五) 不同民族村寨之间的相互促进

以武陵山区而言,武陵山区有多个世居少数民族,而且这些少数民族的分布,主要呈现为多民族大杂居、小聚居的局面。这种分布局面,往往使得在较近的空间距离内,多个不同民族的村寨相邻而居,村寨中发生的任何具有较大影响的事件,都会引起相邻而居的其他少数民族村寨的关注。然而在扶贫攻坚进程中,不同村寨的发展水平可能不一致,某些村寨可能发展较快,开展传统体育活动的相关条件较好,对传统文化的开展力度较大。于是在大杂居、小聚居环境下,节庆活动、民俗活动和本民族大聚会活动开展较好的村寨,将会受到相邻村寨的高度关注。就在这种关注中,少数民族传统体育开展较好的村寨,会对其他开展相对较差的村寨起到示范和促进作用,使相邻而居的村寨中,村寨组织和广大村民也会为本民族的利益和声誉在民族自尊心的驱动下,更为积极主动、更为经常、更大规模地开展本民族的节庆活动、民俗活动和聚会活动,在这些活动中促进本民族本村寨少数民族传统体育更为有效地融合发展。

第八章　我国少数民族特色村寨传统体育文化融合发展的机制构建

这一规律显示，不同少数民族村寨之间总是在开展传统文化活动上存在着积极的、具有意义的相互促进作用。如贵州有17个世居少数民族，而且这些少数民族的分布，主要呈现为多民族大杂居、小聚居的局面。因而，可以把不同村寨之间的这种促进作用，视为少数民族特色村寨传统体育文化更好地融合发展的重要的外部条件之一。

四、经济

经济建设是少数民族特色村寨建设的重要内容和重要需求，而经济发展水平和经济结构的变迁会影响甚至决定村寨传统体育文化保护与发展的规模与方向，经济对少数民族特色村寨传统体育文化的融合发展起着决定性作用。如在传统农耕经济时代，传统体育文化活动参与者的数量、规模与祭祀节的隆重程度成正比；而在现代旅游经济时代，传统体育文化活动参与者的数量、规模与旅游节隆重程度、游客数量等成正比①。因此，应该加强与传统体育文化相适应的旅游经济发展。

特别是在扶贫攻坚工作和少数民族特色村寨建设工作的有效推进中，少数民族村寨的经济发展水平处在快速提高的进程中，少数民族村寨经济发展水平逐步提高，村民的物质生活水平有了越来越显著的改善，这种物质生活水平的提高，必然促进村寨生活中对精神生活的追求，使得少数民族村寨中的村寨组织和村民个体，都强烈地追求更为丰富多样文化生活方式。事实证明，在这种追求中，对本民族的传统文化的追求成了最为重要的追求之一。正是经济的发展、村民物质生活水平的提高，使得从历史深处一路走来的少数民族传统体育文化，成了满足村寨组织和村民们这种追求的最为快乐、最为有趣、最符合人的天性的文化资源。并且村寨经济水平的提高，也为开展这些包括了传统体育在内的传统文化活动提供了更好的物质条件的支撑。于是，我们认为少数民族村寨经济发展水平的逐步提高，是少数民族特色村寨传统体育更好融合发展的外部条件之一。

因此，按照较为成功而又普遍的做法，就是统筹特色产业布局。如彭水，一是发展观光休闲农业，鼓励村寨群众发展农家乐、家庭旅馆，开发休闲度假、生态观光、自助农庄等多种旅游项目，吸引游客前往消费。组织居民规模种植水稻、玉米、油菜、桃树、花卉等农作物，利用原生态自然景观打造特色景点，吸

①万义．村落社会结构变迁中传统体育的非物质文化遗产保护——以弥勒县可邑村彝族阿细跳月为例［J］．体育科学，2011，31（2）：12-18，35．

引游客体验亲自耕作，方便游客游览观光。建设果林、蔬菜、草莓等种植基地，供游客采摘、品尝或购买。二是开发生态绿色食品。按照公司+农户的模式发展生态农产品加工销售产业，包装打造生态农产品品牌，苗妹香香米、晶丝苕粉、苗嫂茶油、小米花生等特色品牌畅销市内外。结合民族传统生活习惯，传承与开发鼎罐饭、大脚菌炖土鸡、糯糍粑、风萝卜腊排骨、阴米稀饭等民族风味食品。秀山，海洋乡岩院村已办起 2 家农家乐；梅江镇民族村办起了晶铁苗绣工艺品专业合作社，发展绣娘 56 人，带动 50 户村民年均增收 2.5 万元；溪口镇茶园坪土家族特色村寨旁建成玫瑰谷，现已种植工业玫瑰 1000 余亩，观赏玫瑰 300 余亩，以玫瑰种植、采摘、精油提炼为主业；钟灵镇陈家坝特色村寨成立了茶叶专业合作社，茶叶种植面积 450 余亩、户均 7.76 亩，年收入约 112 万元，户均 1.9 万元。酉阳，围绕旅游文化市场，合理调整产业结构和发展模式，培育"一村一品"特色产业，鼓励村民自主选择主导产业，因地制宜地发展地方经济。目前，全县已有 10 个少数民族特色村镇开办了农家乐、千家居，现有农家乐、千家居近 300 家。黔江，小南海十三寨大力发展以土家族文化为主的民族文化旅游业，利用深厚的土家族文化、优美的自然风光和凉爽适宜的气候条件，大力发展乡村旅游业，2016 年上半年全村实现人均纯收入 6 900 元；濯水古镇依托 AAAAA 景区建设，投资近 3 亿元修复和改造古建筑 1.4 万平方米，恢复建筑 4.2 万平方米，建成集休闲、娱乐、餐饮、商务接待等多功能一体的旅游胜地，2016 年上半年全社区实现人均纯收入 6 400 元。

当然，最理想的产业发展方式就是要促进传统体育文化产业的直接转化。通过创编开发，将传统体育文化转化为旅游产品，在村寨的遗址遗迹、自然景观中进行旅游活动表演、娱乐、竞赛等，形成传统节日文化表演，增加村寨遗址遗迹、自然景观的看点，提升村寨观赏度，吸引更多的游客观赏和游览，促进村寨旅游经济的增长。将传统体育符号植入村寨民族服饰、手工艺品、土特产品等，促进民族工艺和乡土产品的产业化发展。凝练、再造村寨文化，将传统体育文化与村寨文化整合制作成村寨传统文化音像制品、出版发行物等，提升村寨文化产品经济。

第二节 内部动力机制

一、内部动力源的剖析与梳理

少数民族传统体育文化既然是一种文化，说明这种文化是创造和参与其间的

第八章 我国少数民族特色村寨传统体育文化融合发展的机制构建

人在从事这些文化活动中所表现出来的思维方式和行为方式,即人们在从事这些活动中,在文化的三个层次上表现出来的文化因子的总和。第一个层次的文化因子包括了人们在这些活动中的价值取向、审美观念、民族情结、宗教信仰、道德情操等属于情感和态度范畴的核心文化因子;第二个层次的文化因子包括了人们在从事这些活动中的全部理论、方法与手段,即属于知识系统的文化因子;第三个层次的文化因子,就是从外部可以看得见的,人们在这些活动中外显的行为方式。少数民族传统体育文化活动,本质上是人的活动这一重要特征,说明了传统体育文化产生、运行和发展的主要内在动力,来源于组织和参与这些活动的人。而决定人们做与不做什么、全力以赴地做或是半心半意地做的最为重要的原因,就是人们的价值选择和对这种价值的需求强度。因而决定这种动力大小的最为主要的因素有两个,一个是传统体育文化本身具有满足人们某些需求的功能和价值,另一个是具体社会条件下人们对这些功能与价值的认识和需求强度。

由此可以认为,关于少数民族特色村寨传统体育文化融合发展的内在动力,主要来源于组织少数民族传统体育活动开展的村寨组织和参与少数民族传统体育活动的广大村民。按严格的逻辑意义来说,其内在动力还应当包括促进少数民族村寨传统体育活动开展的各级政府职能部门和基层政府,因为他们是开展村寨少数民族传统体育活动的组织者,他们的价值取向、情感倾向等,也应当属于少数民族传统体育文化融合发展的内在动力之一。但是,考虑到这些政府职能部门和基层政府,主要是创造条件而促进村寨传统体育活动的开展,正常情况下并不直接组织和参与村寨传统体育活动。因而,对村寨传统体育的开展而言,这些职能部门和基层政府,同时又具有了外部条件的特征。所以,课题组更主张将少数民族特色村寨传统体育文化融合发展的内在动力来源,限定在村寨内组织和村寨内参与少数民族传统体育活动的广大村民的范围内。

显然,在少数民族村寨中,促进村寨本民族传统体育不断发展的内在动力,就是组织这些活动开展的村寨组织和参与这些活动的村民的价值取向、民族情感,正是这些价值引领,成了少数民族特色村寨少数民族传统体育融合发展的主要动力。显然,这种价值引领越是强烈、越是迫切,这种内在动力就越是强大。所以,只要是能有效激发这种价值引领,并越是使之变得强烈和迫切的路径和方法,越是能增强这种内在动力。

课题组结合多年田野调查情况,发现绝大多数少数民族传统体育,直到今天都并非是只有单纯的、纯粹的活动,总是伴随着本民族节庆活动、民俗活动和聚会活动等多种非体育的文化样式交织共生，传统体育还成了促进这些活动开展得最有趣、最有吸引力的活动载体与内容。当然，所开展的节庆活动、民俗活动和聚会活动无疑成了促进传统体育保护与发展最主要的平台和机会，也使得在开展传统体育活动中能较好地促进多种非体育的文化样式的传承和发展。正是这一原因，几乎所有的少数民族村寨中的村寨组织，都会为促进本民族传统文化的不断传承发展，以维护和保障本民族的长期繁荣发展而促进传统体育文化的融合发展；也必然会为促进本民族的民族认同、增进民族情感、促进本民族本村寨的团结和统一，以形成更具向心力、更能应对各种民族危机和生存危机，更便于统一行动、更便于组织管理的村寨集体。正是这些关乎民族前途、关乎村寨发展的复杂多样的价值追求，成为促进少数民族村寨传统体育文化不断融合发展的重要内在动力之一。

少数民族村寨的广大村民，往往都会为在乡村生活中不被边缘化而更好地确立自己的民族归属、满足自己的民族情感需求，加强在本民族、本村寨内的社会交往；会为了更好地享受本民族传统文化、享受在本民族本村寨内个体权利和承担个体责任，以及在乡村生活中为更好地追寻身心与精神的健康和快乐提升自己的生活质量而积极、主动地参与本民族本村寨举行的节庆活动、民俗活动和聚会活动，当然也包括更好地享受祖先创造和传承下来的传统体育文化。在田野调查中我们多次发现，这种从小在本民族文化的养育中成长的少数民族村民的这些价值追求，强烈到了很大的程度，譬如已外出务工的村民，只要相隔距离不是太远，条件允许就会在本民族本村寨举办这些活动的时候，克服多种困难赶回村里参与。一位彝族村民所说：一旦没有了自己的篝火，我们就只能走进别人的舞池；一旦没有了自己的神房，我们就只好进入别人教堂进行祷告。也由此，少数民族村民的这些立足于民族身份的重要的价值追求和情感表达，构成了少数民族传统体育在本民族、本村寨中不断传承、不断融合发展的重要动力。

结合自组织理论来分析，对少数民族特色村寨传统体育文化融合发展起长效支配作用的参量是认同。所谓认同，弗洛伊德将其定义为"个人与他人、群体或模仿人物在感情上、心理上趋同的过程"。认同的形成本身是一个长期、自然的积淀过程，认同一旦形成，就比较稳定。任何一种传统体育文化活动的形成，都是人们通过长期、反复的同一实践在心里自然而然或潜意识地形成的一种认同感、共同感。就少数民族特色村寨传统体育文化融合发展的认同而言，主要是由当地居民、村委会、政府、游客通过长期、反复的同一实践所形成和达成的一种

第八章　我国少数民族特色村寨传统体育文化融合发展的机制构建

集体认同，只有这四者形成一致心理、一致认同，才能够形成合力。但最根本的、最关键的、最核心的是当地民族居民内部或民族群体内部的认同，以及村内、临近村等居民的认同。只有当地居民认同了，人们才会自觉不自觉地参与其中，才会自发地、自觉地组织和参与相关活动。只有来自当地居民内部的心理诉求和心理能量，少数民族特色村寨传统体育文化的融合发展才能够自组织地进行下去。

但这种集体认同是有层次的，同时又是很复杂甚至是难以达成的，因为传统体育文化通常包括物质层面、制度层面、精神层面和行为层面，以及不同的主体对同一对象会有不同的认识、态度和审视，如有的取向于娱乐、有的取向于经济、有的取向于教育、有的取向于祭祀等。少数民族特色村寨传统体育文化融合发展的认同，首先容易产生认同的是诸如动作、服饰、队形、器械等物质层面，因为这种认同是表层的、可观的、具体的，但是传统体育文化的动作、服饰、队形、器械等都极易朝着现代化、生活化发展，因此这种认同可谓是来得快变得快，因此这种认同很难对传统体育文化的融合发展产生深刻的影响。但是制度层面和精神层面的认同是需要长时间积淀而成的，反过来也说明这种认同将会对传统体育文化的融合发展产生持续的推动力和支配力，支配传统体育文化融合发展的时间和周期也会越长。同时，认同是渐进发展的，支配传统体育文化融合发展的认同由物质认同上升到制度认同再到精神认同，从物质层面建立的认同只能是支配物质层的发展，从制度层面建立的认同支配物质和制度层面，从精神层面建立的认同支配物质、制度和文化层面。即精神层面的认同支配传统体育文化融合发展的整体演进，物质层面和制度层面的认同只能支配传统体育文化融合发展的部分演进[①]。

二、内部动力的激发与满足

外部因素是事物发展的重要条件。但是，所有的外因都必须通过内因才能真正发生作用。因此，充分调动村寨组织和村民积极性，激活少数民族特色村寨传统体育融合发展的内生动力，是必要之举。

（一）充分发挥村民的主体作用

我国少数民族特色村寨传统体育融合发展的动力或保障，来自上级政府的领

---

① 戴维红. 自组织视野下民俗体育的演化 [D]. 福州：福建师范大学，2008.

导与扶持，以及村寨之外各种社会力量的支持和帮助。虽然这些都是十分宝贵的重要条件，但毕竟只是外因，而生存生活在这些村寨中的全体或大多数村民的思想和行动，才是中国少数民族特色村寨建设与发展的真正内因。从这一意义上来说，少数民族特色村寨传统体育的融合发展，都是必须以这些村寨中居住的村民作为建设的主体，只有充分发挥这一主体的作用，少数民族特色村寨传统体育融合发展才可能取得良好的发展。鉴于此，村寨居民才是少数民族特色村寨传统体育融合发展最为重要的基础和保障。

为了充分激活和发挥村民的主体性作用，本研究提出族民自治方式，即村寨居民、族民或当地居民自我管理、主动治理[①]。族民自治的优点和作用主要体现在，一是族民自治是一种内生性的方式，以血缘、亲缘、地缘关系为信任基础，形成一种集体认同，具有一种持续、和谐的内生力量，更多体现为一种高度的自愿和自觉[②]。二是接受政府的规范和主导，符合社会治理。族民自治并不是完全拒绝政府的行政管理，而是政府的职能主要向服务转化，起着一种主导、规范的职能作用。政府在传统体育文化的融合发展中的作用，主要是提供资金支持、政策支持、思想支持和引导支持。管理在保护与发展中出现的诸如与国家意志相抵触、与其他民族感情不融合、与社会健康文明诉求相背离等问题和现象。因此，在地方政府的引导、管理和支持下，传统体育文化融合发展的族民自治还会更加有序化和规范化，顺应社会治理规范和要求。三是在族民中复兴和建构传统美德，奠定思想基础。通过族民自治的回归，树立和强化族民的传统文化和传统美德境界，让族民们领悟到家族文化所蕴含的如人文教育、文明礼仪、互助精神等传统美德，进而转化为一种自觉力和自发力，并形成一种习惯化、常态化和自觉化。四是不以效益为重，避免了发展和传承中的失范。人们对传统体育文化融合发展的目的就是保护自己的传统文化，其目的不是经济效益、社会效益，而是一种自我、自觉的保护行动，是一种自我责任和义务的自行实践。特别是可以将不在同一行政村或村寨的具有宗族关系的村民凝聚在一起，族民在乎的或受约束的是一种具有同根同源的族缘归属关系，克服了因行政区划的不同而出现相互推诿、争吵乃至恶性竞争等现象。同时，能够让族民们寻求到一种家族感、归属感、认同感、亲情感、集体感，甚至是一种责任感、民族感、国家感。

---

①张世威．基于文化空间理论的体育非物质文化遗产保护研究［D］．北京：北京体育大学，2014．
②徐勇．浸润在家族传统文化中的村民自治——湖南省秀村调查［J］．社会科学，1997（10）：48-51，55．

族民自治的具体实施，可以建立一个"自治委员会"，其成员由姓氏家族精英联盟、村委会或居委会、镇政府或街道办、区（县）文化局等联合组成，建立和履行各自的职责，拟定发展规划，开展相关的勘察、收集和整理工作，建立联合自治制度，树立族民自信心和自觉性，以及加强评估与改进，确保族民自治有效进行。

（二）多路径地满足村民开展传统体育文化的需求

在漫长的传统农牧业社会阶段，总体上相对孤寂的村寨生活使得村民个体都有强烈的与人交往、归属群体的需求，特别是由于民族文化对本民族内诸多个体的长期养育，使得几乎每一个村民都对本民族的文化活动具有了深深的情感倾向。在这种因素的作用下，传统农牧业社会阶段中几乎所有的少数民族村民都具备了乐于积极参与本民族各种传统文化活动的文化基因，都高度重视、期盼和积极参与本民族和本村寨举办的各种传统文化活动，使得包括少数民族传统体育在内的多种传统文化得以在传统农牧业社会阶段长期存在与发展。

即使到了今天，我们仍然很容易发现，只要村寨组织了本民族的包括传统体育在内的传统文化活动，绝大多数村民都会出于满足强烈的民族情感需求而积极参与，并为本村寨这些活动的成功举办贡献自己的时间与精力。而且还发现，在村寨中组织和举办本民族的传统文化活动时，远在数百公里之外务工的青壮年，在方便的条件下也会不辞辛劳赶回村寨中参与活动。这种文化倾向和事实说明，在少数民族村寨中，直到今天，广大少数民族群众都存在着更广泛、更经常开展本民族传统文化活动的强烈愿望和需求，这就是少数民族传统文化有效传承最为宝贵的人心基础。当然，我们也应当看到，在不断推进的现代化进程中，部分少数民族村寨由于各种原因，尤其是本村寨的传统文化活动开展得不好时，这种人心基础可能会逐渐减弱。因而，我们应当尽可能通过多组织村寨活动，加强村民之间、村民与村寨之间的情感关联，借助相邻而居、传统文化活动开展较好村寨的示范和促进作用，并通过政策和行政手段的引领等多种措施，激发、维护、保持和更好地满足村民开展传统体育文化的需求。为少数民族村寨传统体育文化的长期、有效融合发展，打下更为坚实的基础。

（三）充分发挥村寨内部的自组织系统作用机制

透过村寨的历史变迁，发现村寨居民集体参与的少数民族传统体育文化活动,都是本民族传统文化活动的最为主要的方式之一。而几乎所有的少数民族村寨中,绝大多数这种集体参与的传统文化活动,都是在本民族、本村寨内部自组织系统的领导和具体组织下开展的。可以说,这些民族内部的、村寨内部的自组织系统的有效工作和担当,是各少数民族传统文化得以不断传承发展的重要的环节。这一环节的工作效率的高低,深刻地影响着少数民族传统体育的传承发展过程和效果。

从社会学角度来看,我们目前的这些村寨自组织系统,既不是行政机构也不是事业单位、企业组织,甚至也不是报经有关部门批准成立的社团组织。它是在少数民族村寨中,受到血缘宗族、宗法系统深刻影响,往往按辈分、年龄、社会声誉、能力等因素而自然形成的。这种自然形成的村寨组织,在本民族村民心中拥有较高权威性,往往受到本民族大众的拥戴。几乎所有的这种村寨组织在文化传承上的主要特点,是对祖先创造和传承下来的本民族传统文化具有极其深厚的情感。而且大多数这种村寨组织,都对组织开展好本民族、本村寨的传统文化活动具有较强的担当意识,大多能根据本民族的传统和面临的社会经济生活尽力组织好本民族的传统文化活动。这种特点,使得村寨自组织系统在组织本民族、本村寨传统文化活动中的功能和价值,往往超过具有村寨基层行政色彩的村民委员会。

田野调查中我们也发现一个不容忽视的趋势,随着基层政权建设的加强,尤其是村支两委的加强,以及由于经济建设的发展导致村民个体和家庭经济行为、生活方式可选择性的增强,使得少数民族村寨中的这种自组织系统在村寨生活中的影响力逐步降低。为此课题组提出通过健全村寨自组织结构、提升村寨自组织系统的权威和行动能力,来强化少数民族特色村寨传统体育文化融合发展的观点。在健全村寨自组织结构、提升村寨自组织系统的权威和行动能力的过程中,最为重要的环节是加强村支两委建设,主动引导这一自组织机构的自然形成,并且在村寨事务中,尤其是针对组织本民族、本村寨传统文化活动等方面,要更为充分地依靠、支持村寨自组织系统,甚至可以把组织和开展这些传统文化活动的权利和责任更大幅度地交付于这种村寨自组织系统,更有力度地为他们的工作提供更多的支持,以充分发挥村寨自组织系统的优势和积极性,更好地强化促进少数民族传统体育与少数民族特色村寨建设的有效融合。

(四)构建村委和宗族双重治理格局

村寨存在着以村委和宗族为主体的权力格局,从政治层面上,村委处于上

第八章　我国少数民族特色村寨传统体育文化融合发展的机制构建

位，宗族处于下位。宗族权利所代表和来源于乡村社会力量，村委会所代表和来源于地方政府和国家的力量，但两者在现实中并不孤立对立，而是彼此共存、融合默契，共同形成和构建成村寨权力格局基本框架，村寨里的任何个人都必须在遵循这种村委和宗族双重权力格局下才能够发挥其作用，也可以说是村寨村委和宗族双重权力格局赋予了村寨居民的权能。有道是"无论是宗族还是国家力量单方面的主导都无法持久，而唯有当这两者保持一个稳定而互动的关系时，村寨的权力格局才可能较为稳定"[①]。

村委和宗族的共存具有村寨发展功能上的需要及文化上的基础。特别是改革开放以后，乡村基层自治机制的推行与深入，是中国乡村社会发展的权力诉求与文化呼应。自中华人民共和国成立以来，政府全能治理模式疏远和脱离了乡土社会治理基础，这种矛盾和问题在改革开放以后与乡村社会发展不协调、不吻合，于是人们开始从乡土社会的视角建立乡村自治机制，成立乡村自治委员会，用自治的模式促进乡村治理。而在一些比较传统和规模较大的民族村寨，虽然村寨的传统文化受到现代文化的巨大冲蚀，但村寨一些根深蒂固的传统文化和传统机制并没有因此而消失，特别宗族机制依然在村寨日常事务中发挥着重要的作用，成为村寨居民矛盾的内部消化器和日常生活的重要依存体。因此，在现实中很多少数民族特色村寨，依然存在着内部关系紧密的宗族组织和宗族势力。

同时，应充分发挥村委会的作用，村委会是中国乡村最基本的管理机构，是居民自己选举的基层自治组织，具有高度的认同感。通常情况下，政府和国家以村委会为中介、桥梁和纽带来保持在村寨权利格局内的存在，并间接性地行使权力，这就使得政府和国家权力在与村寨宗族势力互动融合时必须遵循一定的乡土文化和社会规则，而宗族势力又必须遵守政府和国家的权力规则进而规避其可能的无限膨胀与混乱，共同遵守"村委主外、宗族主内"的互动规则，共同分享和行使在村寨治理中的政治权威，进而实现和促进二者之间的互动与对话、平衡与秩序的基本面貌。村委会主要发挥村干部的作用，村干部积极传达与落实上级政府的有关文件精神、指示与政策，代表负责处理当地上级政府所分派的各项工作，宗族势力主要发挥族长的作用，负责族内事务的协调与处理，包括在族内落实有关政府及国家的文件精神、指示与要求。

宗族制度虽然能够延承，但终究不会是乡村社会的主流，这一是由于乡村社

---

①袁本罡. 对人口流动影响下的少数民族村寨权力格局的人类学解读 [D]. 北京：中央民族大学，2013.

会缺乏宗族制度的氛围和环境，宗族制度不可能得到扶持和发展，二是由于人口流动的频繁和村寨居民长期外出务工，在留守人群里很难匹配到合适族长的人。但是宗族习惯、宗族意识在村寨及居民的思想意识中还是传承存在的，宗族制度也是乡村社会治理的重要内生制度与动力，应该得以积极运用。但是，村寨较为普遍地存在着这样一种现象，那就是很多村寨的村干部是村寨里的民族精英，已潜意识地成为"族长"或代理了族长角色与功能，所以，应该发挥村委会特别是村干部的双重身份和双重角色，发挥既主内又主外的功能，促进传统体育文化在少数民族特色村寨的融合发展。

小结

少数民族特色村寨传统体育的融合发展，是一项复杂的系统工程，需要内因与外因的相互协同作用。政策、信息、社会、经济是少数民族特色村寨传统体育融合发展重要的外部环境和条件，广大村民的认同是少数民族特色村寨传统体育融合发展重要的内部动力。对于少数民族村寨中的村寨组织来说，只要外部条件更为优化的情况下，这些村寨组织都会出于自己的民族情感、会为满足一定的价值追求而积极主动地在本村寨中组织和开展本民族的传统体育活动。尤其是在如武陵山区多民族大杂居、小聚居的分布状态下，任何少数民族村寨都不会自愿地在组织和开展这些活动上落后于相邻而居的其他民族的村寨。而当前乃至今后很长一段时间里，政府依旧是少数民族特色村寨传统体育融合发展的主体，因此各级政府的民族工作职能部门和少数民族地区的基层政府，应当更高效地聚集、强化、整合各种有利于少数民族传统体育在村寨中传承的外部条件，以便更好地引导、鼓励、扶持、推动少数民族传统体育在少数民族村寨中的开展和传承，尽可能使外因通过内因而更高效率地发挥促进作用，充分优化外因，使外因激发内因的加强，并通过内因而发生积极的作用。

第九章
结论与展望

第一节 结 论

1. 少数民族特色村寨建设事关我国小康社会的全面建成，其由来与发展有近10年时间。国家民委分别于2014年、2017年两批次命名了共计1057个少数民族特色村寨，成为促进民族农村地区的重要典范。促进少数民族特色村寨政治、经济、社会、文化和生态文明建设"五位一体"的融合发展，以及保护与发展的协调、传统与现代的融合，是少数民族特色村寨建设的重要目标与任务。但在实践中还存在"五位一体"未能融合、保护与发展难以兼顾、传统与现代难以兼容等诸多问题。

2. 少数民族特色村寨传统体育文化融合发展的科学内涵，是基于二者之间的联系性、整体性、生态性与发展性；少数民族特色村寨传统体育文化融合发展的精神实质，主要体现在文化自信，以及二者的共生共存、互赢发展等；少数民族特色村寨传统体育文化融合发展的实践要求，主要是要遵循文化本色、尊重民族情感、突出实际效应、坚持历时审视、坚持适应创新和着力于供给侧改革。

3. 少数民族特色村寨传统体育文化的融合发展，在促进和助推少数民族特色村寨政治建设、经济建设、社会建设、文化建设和生态文明建设即"五位一体"总体布局充分协同，以及保护与发展充分协调、传统与现代充分融合上具有非常重要而又独特的功能、价值与作用。

4. 少数民族特色村寨传统体育文化的融合发展，已经形成了一些常规性的做法，如政府的重视、与民俗活动共舞、培训与比赛相结合、纳入发展规划、依托当地居民、与旅游经济相契合；在促进传统体育文化的保护与发展和少数民族特色村寨的建设与发展上都取得了明显的成效，主要体现在传统体育健身娱乐化、艺术表演化、教育科普化、赛事交流化发展,以及促进村寨整体风貌的保护与修葺、成为村寨的"活化石"、展现村寨的民族精神、成为村寨的名片、为村寨注入经济活力等。但还存在经济建设挤压传统体育文化的融合、内生动力的弱化、传统和特色的丢失、失范化和同质化倾向、脱离村寨需求谈融合等问题。

5. 推动少数民族特色村寨传统体育文化的创造性转化和创新性融合发展,必须顺应国家供给侧结构性改革背景和思维,提升传统体育融合发展供给质量,调整传统体育供给结构,优化传统体育供给资源配置,提升传统体育供给效应,促进传统体育融合发展的持续有效供给。这既是传统体育顺应少数民族特色村寨建设的必然趋势,也是传统体育文化内部质量提升的必然之举。

6. 少数民族特色村寨传统体育融合发展的供给侧要素主要为供给主体、供给技术、供给产品和供给资金"四大要素"。但在现实中,这四大供给要素在结构配置和质量效应上,都存在着不同程度的矛盾与问题。

7. 少数民族特色村寨传统体育的融合发展,必须遵循以少数民族特色村寨建设为落脚点、以供给侧全要素协同为着力点、以提质增效为兴奋点、以融合式发展为触动点、以保护传统体育文化为基本点、以满足人们的日益需求为根本点的原则导向。

8. 少数民族特色村寨传统体育的融合发展,要着力优化与提升供给主体、供给技术、供给产品和供给资金的要素配置和要素质量,提升传统体育文化在少数民族特色村寨的供给质量与效应,促进少数民族特色村寨传统体育文化的高效、有序融合发展。

9. 少数民族特色村寨传统体育的融合发展,需要内因与外因的相互协同作用。政策、信息、社会和经济是少数民族特色村寨传统体育融合发展重要的外部环境和条件,广大村民的认同是少数民族特色村寨传统体育融合发展重要的内部动力。各级政府的民族工作职能部门和少数民族地区的基层政府,应当更高效地聚集、强化、整合各种有利于传统体育在少数民族特色村寨融合发展的外部条件,以便更好地引导、鼓励、扶持、推动传统体育在少数民族特色村寨的开展和传承。同时,通过构建族民自治制度来充分发挥村民的主体作用,以及多路径地满足村民开展传统体育文化的需求、充分发挥村寨内部的自组织系统作用机制、构建村委和宗族双重治理格局等来激发内部动力。充分优化外因,激发内因,协同作用于少数民族特色村寨传统体育文化融合发展的有序性、高效性。

第二节 展　望

少数民族特色村寨和传统体育文化资源丰富、分布广泛、千姿百态、各有特色，造就了中华民族特别是少数民族独具地域特色的文化、文明与发展，谱写了中华文化别具一格的人文画卷。少数民族特色村寨传统体育的融合发展，既关系到少数民族特色村寨的保护与发展，又关系到我国少数民族传统体育的保护与传承，同时还关系到我国乡村振兴战略的顺利实施。特别是随着人们物质生活水准的快速提高、城镇化进程的加快和城市工作生活的烦琐与压力，令很多人都产生浓浓的乡愁情节，那种重返自然、皈依本真的愿望使人们对乡野生活的重拾与向往，进而安顿生命、远离喧嚣和舒缓压力，少数民族特色村寨由于环境优美、宁静雅致、乡愁浓郁，自然成为人们的首选处，少数民族特色村寨的传统体育融合发展，必然会在满足人们美好生活需求上发挥重要而特殊的作用。但很久以来，无论是少数民族特色村寨还是传统体育文化的消亡和破坏，无不都引起了人们极大的焦虑和担忧。因此，保护好少数民族村寨和少数民族传统体育这一人类文化遗产功在当代，利在千秋，时不我待。

《我国少数民族特色村寨传统体育文化融合发展研究》，从前期关注、申报立项到书稿草成，历时 6 年之余。课题组秉持一种民族情怀与学术担当，常年奔走田野于一些偏远民族地区的少数民族村寨。翻山越岭，走村串户，力图真实、科学、全面地揭示、描摹与勾勒我国少数民族村寨传统体育文化生存镜像。课题组在田野调查中深切感受和领悟到了少数民族村寨及传统体育文化所蕴含和赋予的那种深厚而独特的人文内涵，同时这些也时刻在鞭策和教化着我们。特别要感谢那些受访的专家、教授、学者，给予我们在完成本研究学术理论上的极大贡献与帮助；感谢那些地方政府部门的领导及工作人员，以及村干部，为本课题的研究提供宝贵的资料和方便；感谢那些当地的居民，在我们田野考察中给予极大的帮助与配合，特别是热情、耐心地一次又一次地接受我们的采访，对我们以宾客相待。

但苦于少数民族特色村寨和传统体育文化资源的浩瀚与繁多，以及课题组学识、时间、精力上有限，我们并不能够把所有的少数民族特色村寨和传统体育文化都田野和研究穷尽。更为甚者，我们草成的这份研究报告，可能还存在很多肤浅甚至错讹的地方。因此，我们非常祈盼所提交的这份答卷将是一块引玉之砖，敬望得到专家、学者的批评与指正，以便我们更好地将少数民族特色村寨中的传统体育文化持续研究开去，并不断开拓创新。尤其是近年来国家乡村振兴战略的大力实施，中国少数民族特色村寨建设及其传统体育文化的保护、传承与发展是机遇，更是使命。为此，我们也将继续努力跟踪研究，以期对少数民族特色村寨里的传统体育文化有一个更加全面、深入的研究和了解，为保护与发展我国少数民族村寨和传统体育文化，促进民族乡村振兴贡献更科学、更全面、更深入的理论与方法。

参考文献

一、专著

[1] 李敦礼．印江土家风情：第一辑［M］．北京：中国旅游出版社，2014．

[2] 林继富，覃金福．民族村落家庭——酉水流域土家年研究［M］．北京：民族出版社，2014，4．

[3] 刘礼国．黔东南苗族侗族斗牛文化研究［M］．北京：民族出版社，2013．

[4] 何立高．黔东北土家族研究文集［M］．北京：中国文联出版社，2013．

[5] 廖德根，冉红芳．恩施民俗［M］．武汉：湖北人民出版社，2013．

[6] 彭福荣．乌江流域土司时期文学探赜［M］．重庆：重庆出版社．2013．

[7] 李良品，彭福荣，余继平．重庆民族地区非物质文化遗产研究［M］．重庆：重庆出版社，2012．

[8] 彭武麟．中国土家族［M］．银川：宁夏人民出版社，2012．

[9] 《铜仁年鉴》编辑部．铜仁年鉴［M］．北京：九州出版社，2012．

[10] 松桃苗族自治县志编纂委员会．松桃苗族自治县县志（1986—2006）［M］．北京：方志出版社，2012．

[11] 彭福荣，谭清宣，莫代山．重庆世居少数民族研究：土家族卷［M］．重庆：重庆出版社，2011．

[12] 崔乐泉．中国少数民族传统体育［M］．贵阳：贵州民族出版社，2011．

[13] 冯胜刚．贵州少数民族传统体育理论与方法［M］．贵阳：贵州民族出版社，2011．

[14] 盛琦．中外体育民俗文化［M］．北京：北京体育大学出版社，2011．

[15] 李良品，彭福荣，余继平．重庆民族文化研究［M］．重庆：重庆出版社，2010．

[16] 李良品，莫代山，祝国超．乌江流域民族史［M］．重庆：重庆出版社，2009．

[17] 贵州省民族事务委员会．苗族文化大观［M］．贵阳：贵州民族出版社，2009．

[18] 王平．黔东南非物质文化遗产集锦［M］．贵阳：贵州民族出版社，2008．

[19] 戴伟，李良品，丁世忠．乌江流域非物质文化遗产研究［M］．重庆：重庆出版社，2008．

[20] 张朝仙. 走出大山的土家人——印江土家风情：第三辑 [M]. 北京：新华出版社, 2007.

[21] 徐开芳. 恩施土家族苗族自治县民间舞蹈集（上、下册）[M]. 武汉：湖北人民出版社, 2006.

[22] 曾超. 巴人尚武精神研究 [M]. 北京：中国教育文化出版社, 2006.

[23] 张万仪, 庞国栋. 巴渝文化概论 [M]. 重庆：重庆出版社, 2005.

[24] 张朝仙. 民族文化 [M]. 印江：印江报社印刷厂, 2005.

[25] 王岗, 王铁新. 民族传统体育发展的文化审视 [M]. 北京：北京体育大学出版社, 2005.

[26] 贵州省地方志编撰委员会. 民族志（上、下册）[M]. 贵阳：贵州民族出版社, 1999.

[27] 田发刚, 谭笑. 湘西土家族传统文化概论 [M]. 武汉：长江文艺出版社, 1998.

[28] 威宁彝族回族苗族自治县民族事务委员会. 威宁彝族回族苗族自治县民族志 [M]. 贵阳：贵州民族出版社, 1997.

[29] 松桃苗族自治县志编纂委员会. 松桃苗族自治县县志 [M]. 贵阳：贵州人民出版社, 1996.

二、期刊论文

[1] 彭积春. 民族文化资本化推动下少数民族村寨经济发展的路径研究 [J]. 贵州民族研究, 2018, 39（7）：149-152.

[2] 文冬妮. 桂滇黔少数民族特色村寨体育类非物质文化遗产传承人保护模式 [J]. 文化遗产, 2018（4）：17-23.

[3] 彭晓烈, 高鑫. 乡村振兴视角下少数民族特色村寨建筑文化的传承与创新 [J]. 中南民族大学学报：人文社会科学版, 2018, 38（3）：60-64.

[4] 王海燕, 蒋建华, 袁晓文. 少数民族特色村寨旅游开发对文化传承的影响与思考——以川西北桃坪羌寨与上磨藏寨为例 [J]. 广西民族研究, 2018（2）：105-111.

[5] 李玲. 民族文化村寨旅游原生性开发理论与实践 [J]. 贵州民族研究, 2018, 39（3）：171-174.

[6] 贺海波. 贫困文化与精准扶贫的一种实践困境——基于贵州望谟集中连片贫困地区村寨的实证调查 [J]. 社会科学, 2018（1）：75-88.

[7] 罗荷香. 社会治理视角下的民族村寨文化应用 [J]. 学术论坛, 2017, 40（6）：127-131.

[8] 何梅青. 民族旅游村寨传统文化利用—保护预警的比较研究——以青海小庄村和拉斯通村为例 [J]. 湖北民族学院学报：哲学社会科学版, 2017, 35（6）：106-110.

[9] 杨春蓉. 建国后少数民族村寨脱贫与文化保护的政策引导分析 [J]. 西南民族大学学报：人文社科版, 2017, 38（11）：199-204.

[10] 李忠斌，单铁成.少数民族特色村寨建设中的文化扶贫：价值、机制与路径选择［J］.广西民族研究，2017（5）：25-31.

[11] 姜又春，禹四明.侗族村寨聚居模式的空间结构与文化表征［J］.原生态民族文化学刊，2017，9（3）：82-87.

[12] 陈炜，李军辉.少数民族特色村寨非物质文化遗产传承的驱动机制研究［J］.广西民族研究，2017（4）：124-131.

[13] 蔡溢，杨洋，殷红梅，李瑞，秦随涛.民族旅游村寨居民文化依恋的时空变迁及其机理——以贵州西江千户苗寨村落群为例［J］.人文地理，2017，32（4）：146-154.

[14] 赵旭东，朱鸿辉.传递文化表征何以成为可能？——基于云南西双版纳一傣族村寨的民族志考察［J］.吉首大学学报：社会科学版，2017，38（5）：2，29-37.

[15] 朱祥贵，周欢，孙儒，等.鱼木寨特色村寨文化遗产保护与利用法律的创新［J］.湖北民族学院学报：哲学社会科学版，2017，35（4）：85-90.

[16] 吴忠军，代猛，吴思睿.少数民族村寨文化变迁与空间重构——基于平等侗寨旅游特色小镇规划设计研究［J］.广西民族研究，2017（3）：133-140.

[17] 宋荣凯，李忠斌，刘阿丽.培育工匠精神：特色村寨中少数民族文化保护路径［J］.广西社会科学，2017（5）：181-185.

[18] 刘俊，胡显斌.刍议少数民族特色村寨的文化基因与保护［J］.南京艺术学院学报：美术与设计，2017（3）：132-135，210.

[19] 高鹏春.中国克木人村寨体育文化适应发展策略研究［J］.体育文化导刊，2017（3）：87-89，103.

[20] 彭莉.复制型民族村寨"村民"的文化适应——基于云南民族村的实证研究［J］.云南师范大学学报：哲学社会科学版，2017，49（2）：129-136.

[21] 陈炜.广西少数民族特色村寨非物质文化遗产传承影响因素——基于利益相关者理论［J］.社会科学家，2017（1）：96-102.

[22] 单菲菲，刘承宇.民族旅游村寨语言景观调查研究——基于社会符号学与文化资本理论视角［J］.广西民族研究，2016（6）：153-161.

[23] 彭流萤.影视传播与族群文化发展——以边境少数民族村寨生活文化塑型为例［J］.现代传播，2016，38（12）：99-102.

[24] 桂怡芳.文化资本化视角下民族特色旅游村寨建设研究［J］.贵州民族研究，2016，37（11）：184-188.

[25] 孙信茹.媒介在场和少数民族村寨文化转型［J］.现代传播，2016，38（11）：16-20.

[26] 谭志满，刘双燕.近二十年我国民族村寨文化旅游研究进展评析［J］.广西民族研究，2016（5）：149-155.

[27] 饶睿颖.迁移境外傣泐人南传佛教文化观研究——以泰北南王村寨为例［J］.世界宗教

文化, 2016 (5)：113-118.

[28] 刘郁. 南部侗族地区文化记录项目对贵州省侗族村寨发展的影响 [J]. 贵州社会科学, 2016 (9)：55-59.

[29] 宋俊华. 基于供给侧结构性改革的非遗保护机制创新 [J]. 文化遗产, 2016 (4)：57-64, 158.

[30] 侯爱萍. 基于地域文化感知的旅游景区标识系统设计探究——以罗布人村寨为例 [J]. 新疆大学学报：哲学·人文社会科学版, 2016, 44 (4)：38-41, 47.

[31] 唐卫青, 王宇斯. 民族旅游村寨建设中文化资源利用的问题研究——以恩施州舍米湖村为例 [J]. 湖北民族学院学报：哲学社会科学版, 2016, 34 (3)：34-36, 40.

[32] 向政, 沈莉. 博弈视角下的少数民族特色村寨建设与传统体育文化遗产保护 [J]. 湖北民族学院学报：哲学社会科学版, 2016, 34 (3)：37-40.

[33] 赵明元, 辛松和. 少数民族聚居村落的原生态体育文化流变考察 [J]. 贵州民族研究, 2016, 37 (6)：90-93.

[34] 朱凌飞, 曹瑀. 景观格局：一个重新想象乡村社会文化空间的维度——对布朗族村寨芒景的人类学研究 [J]. 思想战线, 2016, 42 (3)：24-30.

[35] 刘轩宇. 商业化背景下苗族村寨文化的保护与传承——以贵州黔东南地区"西江苗寨"和"摆贝苗寨"为例 [J]. 贵州民族研究, 2016, 37 (4)：137-141.

[36] 谭元敏. 少数民族特色村寨建设中的文化遗产保护问题研究——以"中国少数民族特色村寨"石桥坪村为例 [J]. 湖北民族学院学报：哲学社会科学版, 2016, 34 (1)：56-60.

[37] 郑文换. 民族村寨的衰落：组织排斥、经济边缘化与文化断裂 [J]. 广西民族研究, 2016 (1)：64-69.

[38] 李玉文. 少数民族村寨发展变迁中的传统体育保护研究——酉阳河湾村摆手舞的田野调查报告 [J]. 广州体育学院学报, 2016, 36 (1)：57-59.

[39] 黄成华. 旅游驱动下民族村寨的文化认同研究 [J]. 贵州民族研究, 2016, 37 (1)：70-74.

[40] 李忠斌, 李军, 文晓国. 特色村寨建设中民族文化资源开发参与主体权责研究 [J]. 青海民族研究, 2016, 27 (1)：45-48.

[41] 宋才发, 刘廷兰. 村寨文化旅游业发展创新的法治问题探讨——以贵州民族村寨文化旅游业为例 [J]. 贵州民族研究, 2015, 36 (12)：30-34.

[42] 李忠斌, 李军, 文晓国. 以文化为内核的特色村寨遴选指标体系研究 [J]. 广西民族研究, 2015 (5)：136-144.

[43] 赵湛鸣. 影视人类学在非物质文化遗产保护中的全息功能——以云南"土风计划"村寨文化传承保护工程为例 [J]. 民族艺术研究, 2015, 28 (4)：23-27.

[44] 彭清燕. 论民族村寨文化保护的法本位进路与法制度建构 [J]. 广西民族研究, 2015 (3): 113-121.

[45] 肖青, 李宇峰. 全球化、现代化与民族村寨文化 [J]. 社会科学论坛, 2015 (5): 225-230.

[46] 张翔, 杨桂华, 祝霞, 等. 苗族原生态文化村寨旅游者动机及开发策略——以西江千户苗寨为例 [J]. 贵州民族研究, 2015, 36 (4): 144-147.

[47] 李忠斌, 郑甘甜. 特色村寨建设、民族文化旅游与反贫困路径选择 [J]. 广西民族研究, 2015 (1): 153-159.

[48] 姚伟钧, 霍晓丽. 文化产业视阈下民族旅游文化产业的发展——以湘西捞车古村寨为例 [J]. 中国海洋大学学报: 社会科学版, 2015 (1): 98-102.

[49] 张小林, 孙玮, 刘兰. 少数民族特色村寨体育文化旅游资源创意开发研究——基于湘西德夯苗寨的调查研究 [J]. 贵州民族研究, 2015, 36 (1): 156-159.

[50] 肖坤冰. 遗产化生活中的自主力量——一个苗族村寨的文化遗产保护与发展历程研究 [J]. 贵州民族研究, 2015, 36 (1): 48-52.

[51] 黄萍. 尴尬与出路: 旅游扶贫视角下西南民族村寨文化遗产管理研究 [J]. 青海民族研究, 2015, 26 (1): 14-19.

[52] 谭元敏, 张国超. 少数民族特色村寨研究述评 [J]. 湖北民族学院学报: 哲学社会科学版, 2014, 32 (6): 48-52.

[53] 李立, 阎莉. 傣族村寨布局的生态智慧——基于"竜林"文化的考虑 [J]. 中国农史, 2014, 33 (06) 65, 120-127.

[54] 李忠斌, 郑甘甜. 论少数民族特色村寨建设中的文化保护与发展 [J]. 广西社会科学, 2014 (11): 185-189.

[55] 孙九霞, 刘相军. 地方性知识视角下的传统文化传承与自然环境保护研究——以雨崩藏族旅游村寨为例 [J]. 中南民族大学学报: 人文社会科学版, 2014, 34 (6): 71-77.

[56] 邓辉. 生态家园: 文化遗产型特色民族村寨发展的有效模式——基于武陵山区彭家寨的调查 [J]. 中南民族大学学报: 人文社会科学版, 2014, 34 (5): 50-54.

[57] 向丽. 对民族村寨文化现代性建构的反思——基于湖北省恩施市枫香坡侗寨的调查 [J]. 中南民族大学学报: 人文社会科学版, 2014, 34 (5): 61-65.

[58] 潘文献. 试论民族发展过程中文化适应的滞后性——以湘黔桂少数民族村寨火灾为例 [J]. 学术论坛, 2014, 37 (7): 145-149.

[59] 王乐君, 孙鹏, 周曦. 贵州苗族村寨风景园林的文化生态论 [J]. 贵州民族研究, 2014, 35 (5): 128-131.

[60] 周灿. 少数民族村寨非物质文化遗产保护性旅游开发——以三台山德昂族村寨为例 [J]. 学术探索, 2014 (4): 115-118.

[61] 梁爱文, 周灿. 非物质文化遗产保护与传承下的民族村寨旅游发展探究——以云南三台

山德昂族乡出冬瓜村为例［J］．黑龙江民族丛刊，2014（2）：69-74．

[62] 阿土．水族民居文化——村寨的布局［J］．贵州民族研究，2013，34（5）：103．

[63] 阿土．水族民居文化——村寨的结构［J］．贵州民族研究，2013，34（5）：170．

[64] 杨晓轼．旅游文化视域下少数民族村寨体育的发展路径［J］．社会科学家，2013（9）：75-77．

[65] 严澍．羌族传统村寨文化保护及旅游开发运作模式研究［J］．西南民族大学学报：人文社会科学版，2013，34（8）：148-151．

[66] 莫代山．旅游背景下民族文化产业化与特色民族村寨保护——以台湾地区太鲁阁族"可乐部落"为例［J］．湖北民族学院学报：哲学社会科学版，2013，31（4）：14-17．

[67] 刘从水．乡村文化产业：云南民族村寨经济转型的新动力［J］．思想战线，2013，39（2）：151-152．

[68] 刘从水．乡村文化产业与傣族园村寨变迁［J］．民族艺术研究，2013，26（1）：137-141．

[69] 花家涛，戴国斌．彝族村寨火把节"火—祖—摔"的文化解读［J］．上海体育学院学报，2013，37（1）：67-70．

[70] 邹辉，尹绍亭．哈尼族村寨的空间文化造势及其环境观［J］．中南民族大学学报：人文社会科学版，2012，32（6）：55-58．

[71] 田敏，邓小艳．近十年国内民族村寨旅游开发与民族文化保护和传承研究述评［J］．中南民族大学学报：人文社会科学版，2012，32（6）：36-40．

[72] 冯红梅．论黔东南少数民族村寨传统体育文化的旅游开发［J］．贵州民族研究，2012，33（4）：143-145．

[73] 孙信茹，杨星星．家庭照片：作为文化建构的记忆——大等喊傣族村寨的媒介人类学解读［J］．新闻大学，2012（3）：42-51．

[74] 黄文静，刘彦，王永锋．文化适应下的少数民族地区林权改革——以云南红河州元阳县哈尼村寨全福庄为例［J］．思想战线，2011，37（S2）：27-30．

[75] 万义．村落少数民族传统体育发展的文化生态学研究——"土家族第一村"双凤村的田野调查报告［J］．体育科学，2011，31（9）：41-50．

[76] 范松．试论贵州民族村寨的文化性格［J］．贵州民族研究，2011，32（4）：93-97．

[77] 褚连波．从地方性语词进入村寨生存哲学与历史文化的深处——《马桥词典》与《名堂经》比较［J］．理论与创作，2011（4）：51-53，61．

[78] 魏国彬．德昂女人藤篾腰箍的考察与文化阐释——以云南保山市潞江坝德昂族村寨为例［J］．民族艺术研究，2011，24（2）：73-78．

[79] 余压芳，刘建浩．论西南少数民族村寨中的"文化空间"［J］．贵州民族研究，2011，32（2）：32-35．

[80] 李金发．旅游经济与民族村寨文化整合——以云南红河州慕善彝村为例［J］．西南民族

大学学报：人文社会科学版，2011，32（3）：70-74.

[81] 李欣华，吴建国．旅游城镇化背景下的民族村寨文化保护与传承——贵州郎德模式的成功实践[J]．广西民族研究，2010（4）：193-199.

[82] 李天翼，孙美璆．"工分制"民族村寨旅游开发模式成因的文化生态学探析——以贵州省雷山县上郎德村为个案[J]．黑龙江民族丛刊，2010（6）：58-62.

[83] 李欣华，吴建国．旅游城镇化背景下的民族村寨文化保护与传承——郎德模式的成功实践[J]．经济与管理研究，2010（12）：68-74.

[84] 王汝辉．非物质文化遗产在民族村寨旅游开发中的特殊性研究——以四川理县桃坪羌寨为例[J]．贵州社会科学，2010（11）：37-40.

[85] 朱健刚．旅游景区生产与族群文化的再造——对一个布依族村寨的旅游人类学研究[J]．广西民族大学学报：哲学社会科学版，2010，32（6）：76-81.

[86] 李松．多民族地区村落文化保护与社会发展的思考——以贵州荔波水族村寨研究项目为例[J]．民俗研究，2010（3）：50-59.

[87] 文永辉．外来文化冲击下水族习惯法的不同变迁——贵州省三都县两个水族村寨的比较[J]．贵州民族研究，2010，31（4）：15-20.

[88] 钟咏民，盛莉．金平哈尼族村寨传统道德文化资源的现实融合[J]．思想战线，2010，36（S1）：6-10.

[89] 覃雪梅．民族文化资本化与民族村寨社会转型——以云南为例[J]．思想战线，2010，36（3）：141-142.

[90] 李强．少数民族村寨旅游的社区自主和民族文化保护与发展——以云南泸沽湖与青海小庄村为例[J]．贵州民族研究，2010，31（2）：106-112.

[91] 甘代军．文化自觉的动力——一个布依族村寨文化的审思[J]．云南社会科学，2010（2）：68-72.

[92] 马宁．甘肃南部林区族群生存文化的生态人类学研究——以舟曲县3个藏汉村寨为例[J]．西藏研究，2010（1）：73-82.

[93] 张萍，王溯，胡小明．少数民族传统社会组织与发展村寨传统体育的关系——广西南丹白裤瑶"油锅"组织的体育人类学考察[J]．体育与科学，2012，33（1）：31-34.

[94] 冯胜刚．少数民族村寨在社会主义新农村建设中的体育选择[J]．体育学刊，2010，17（9）：93-96.

[95] 郑国华，付大鹏，李志向．对西部典型村寨体育变迁的个案考察[J]．北京体育大学学报，2009，32（11）：39-41，47.

[96] 李玉文．少数民族村寨发展变迁中的传统体育保护研究——酉阳河湾村摆手舞的田野调查报告[J]．广州体育学院学报，2016，36（1）：57-59.

[97] 张小林，孙玮，刘兰．少数民族特色村寨体育文化旅游资源创意开发研究——基于湘西

德夯苗寨的调查研究 [J]. 贵州民族研究，2015，36（1）：156-159.

[98] 张小林，白晋湘，吴力. 少数民族村寨传统体育节庆民俗与现代创意发展——基于湘西德夯"百狮会"的考察 [J]. 沈阳体育学院学报，2014，33（6）：140-144.

[99] 杨海晨，王斌，胡小明，等. 想象的共同体：跨境族群仪式性民俗体育的人类学阐释——基于傣族村寨"马鹿舞"的田野调查 [J]. 上海体育学院学报，2014，38（2）：52-58.

[100] 李海清，李品林. 鄂西土家族舍米湖村摆手舞田野调查——兼论民俗体育在村寨人社会化中的社会功能 [J]. 武汉体育学院学报，2012，46（11）：61-65.

[101] 王俊. 论云南少数民族特色村寨的可持续发展 [J]. 贵州民族研究，2022，43（5）：122-128.

[102] 高文静，肖大威，卓晓岚. 云南少数民族特色村寨的分布特征及影响因素 [J]. 经济地理，2022，42（9）：228-238.

[103] 覃小华，李星明，陈伟，等. 长江经济带少数民族特色村寨的地域空间格局与影响因素 [J]. 人文地理，2022，37（3）：118-130.

[104] 唐明贵，胡静，肖璐，等. 贵州少数民族特色村寨时空演化及影响因素 [J]. 干旱区资源与环境，2022，36（4）：177-183.

[105] 曹大明. 推荐一部特色村寨保护必备的佳作——《完善少数民族特色村寨保护政策研究——基于湖北省恩施土家族苗族自治州的调查》评介 [J]. 中南民族大学学报：人文社会科学版，2022，42（3）：189.

[106] 徐苇苇，李忠斌. 少数民族特色村寨建设与旅游产业交融互促研究 [J]. 广西民族研究，2021（4）：171-179.

[107] 魏珍，张凤太，张译，等. 贵州少数民族特色村寨时空分布特征与影响因素分析 [J]. 贵州民族研究，2021，42（1）：113-121.

[108] 杨姗姗. 少数民族特色村寨非物质文化遗产空间分布及其影响因素——以四川省为例 [J]. 社会科学家，2020（11）：56-61.

[109] 杨春娥，赵君. 少数民族特色村寨振兴的实践困境及路径探索——基于鄂西南民族地区的考察 [J]. 民族学刊，2020，11（6）：17-28，152-154.

[110] 田月梅，谢清松. 互联网时代少数民族特色村寨的文化传播路径研究——以贵州省三个少数民族特色村寨为例 [J]. 贵州民族研究，2020，41（10）：68-74.

[111] 李达. 反思与行动：近十年国内少数民族特色村寨的治理哲学 [J]. 原生态民族文化学刊，2020，12（5）：68-76.

[112] 金红磊，和慧英. 社会组织参与少数民族特色村寨保护：实践价值与应对策略 [J]. 黑龙江民族丛刊，2020（4）：33-40.

[113] 李达. 近十年中国少数民族特色村寨建设回顾与思考 [J]. 北方民族大学学报：哲学

社会科学版，2020（2）：156-163.

[114] 徐永志，姚兴哲. 中国少数民族特色村寨的空间分布格局研究［J］. 贵州民族研究，2020，41（1）：51-58.

三、硕博论文

[1] 孔檬杰. 少数民族特色村寨的文化营造研究［D］. 恩施：湖北民族学院，2018.

[2] 任仙. 散杂居民族村寨生计方式与文化变迁研究［D］. 贵阳：贵州财经大学，2018.

[3] 张鑫. 电视在场：云南少数民族村寨传统文化变迁研究［D］. 合肥：安徽大学，2018.

[4] 刘双燕. 旅游凝视下的民族村寨文化建构研究［D］. 恩施：湖北民族学院，2017.

[5] 蒋志钊. 文化变迁中的民族特色村寨文化保护研究［D］. 吉首：吉首大学，2017.

[6] 熊兰. 旅游体验背景下侗族旅游村寨文化符号体系研究［D］. 贵阳：贵州民族大学，2017.

[7] 李群. 少数民族村寨文化旅游升级发展研究［D］. 吉首：吉首大学，2017.

[8] 邓欣悦. 基于旅游生命周期的民族村寨旅游地民族文化变迁的差异分析［D］. 贵阳：贵州师范大学，2017.

[9] 湛姗. 民族村寨建设与非物质文化遗产保护研究［D］. 恩施：湖北民族学院，2016.

[10] 范莉娜. 民族村寨居民文化适应及其对旅游支持行为意愿的影响［D］. 杭州：浙江大学，2016.

[11] 武其楠. 贵州民族村寨文化旅游商品创新开发研究［D］. 贵阳：贵州大学，2016.

[12] 熊洋. 凉山村寨里的跨文化传播：汉语电视新闻的彝族受众解读效果调查［D］. 成都：成都理工大学，2016.

[13] 张晗秋. 民族旅游村寨中的影像与村寨文化的生存和再生研究［D］. 昆明：云南师范大学，2016.

[14] 吕林珊. 民族村寨旅游发展场域中的文化资本研究［D］. 贵阳：贵州民族大学，2016.

[15] 雷英. 基于游客期望与感知差异的民族村寨旅游地文化开发与保护研究［D］. 桂林：广西师范大学，2016.

[16] 李艳. 鄂西南少数民族村寨舍米湖村文化传承研究［D］. 武汉：华中师范大学，2016.

[17] 唐欢. 民族旅游村寨文化景观真实性感知比较研究［D］. 成都：四川师范大学，2016.

[18] 国予晗. 基于云南少数民族村寨文化环境的室内外设计［D］. 昆明：昆明理工大学，2015.

[19] 李玮. 民族村寨旅游开发与民族文化保护研究［D］. 吉首：吉首大学，2015.

[20] 韩可一. 传统与现代结合的昙华彝族哩颇人文化［D］. 昆明：云南大学，2015.

[21] 朴丽娜. 人口流动视域下朝鲜族农村地区传统文化传承研究［D］. 延边：延边大

学，2016.

[22] 邢晓露．基于地方文化的民族村落更新探索［D］．昆明：昆明理工大学，2015.

[23] 钟溢颖．基于SEM分析的旅游民族村寨文化变迁及保护研究［D］．桂林：广西师范大学，2015.

[24] 周雅婷．民族特色村寨在文化旅游开发中的问题及解决路径［D］．昆明：云南大学，2015.

[25] 安林继．村寨变迁影响下布朗族传统体育文化传承与发展研究［D］．成都：成都体育学院，2014.

[26] 王玉娟．非物质文化遗产传承人的作用影响研究［D］．昆明：昆明理工大学，2013.

[27] 刘孝蓉．文化资本视角下的民族旅游村寨可持续发展研究［D］．武汉：中国地质大学，2013.

[28] 刘石磊．湘鄂西少数民族特色村寨建设中传统体育文化的保护与开发研究［D］．吉首：吉首大学，2013.

[29] 田全洪．民族村寨文化空间的保护与传承研究［D］．长沙：中南大学，2013.

[30] 鲁洲燕．佤族村寨文化娱乐生活状况研究［D］．北京：中央民族大学，2013.

[31] 刘谦．民族地区旅游开发过程中文化元素的旅游表达研究［D］．成都：四川师范大学，2013.

[32] 佟琛．民族旅游村寨的跨文化交流研究［D］．武汉：中南民族大学，2013.

[33] 黄文静．文化适应下的少数民族地区林权改革［D］．昆明：云南大学，2012.

[34] 刘超祥．民族旅游村寨的人口移动与文化变迁［D］．北京：中央民族大学，2012.

[35] 刘晓丽．民族村寨文化旅游原真性感知评价研究［D］．昆明：昆明理工大学，2011.

[36] 张雨龙．橡胶种植与社会文化变迁［D］．昆明：云南大学，2011.

[37] 唐上洁．民族村寨学校传统文化课程资源开发利用研究［D］．桂林：广西师范大学，2011.

[38] 魏琳．从丧葬仪式看村落文化的涵化［D］．昆明：云南大学，2010.

[39] 卢彦红．民族村寨旅游开发社区居民满意战略研究［D］．桂林：桂林理工大学，2010.

[40] 陈杰．双重视域中的村寨文化解读［D］．昆明：云南大学，2010.

四、其他

[1] 李继洪．打造村寨文化提升"软实力"［N］．云南日报，2018-12-09（001）.

[2] 汤保凤．民族文化让民族村寨吃上旅游饭［N］．中国民族报，2018-08-10（001）.

[3] 舒勇．依托民族文化资源打造民族特色村寨［N］．玉溪日报，2018-05-25（005）.

[4] 李庆雷．特色村寨旅游开发的"十个一"工程［N］．中国旅游报，2018-05-22（003）.

[5] 博专.民族村寨的文化发展之路 [N].中国民族报,2018-05-04(006).

[6] 沈闵综.用好村寨特色文化促进乡村旅游发展 [N].贵州民族报,2018-04-18(A01).

[7] 张红萍.小村寨的文化"大坚守" [N].郴州日报,2018-03-27(004).

[8] 李克相.沿河自治县"三围绕"促进少数民族特色村镇可持续发展 [N].贵州民族报,2018-03-19(C01).

[9] 陈运洪.遵义市少数民族特色村寨保护与发展实践和思考 [N].贵州政协报,2018-03-11(A03).

[10] 叶陈芬.传承民族文化活化特色村寨 [N].闽东日报,2018-02-24(A03).

[11] 陈运洪.遵义市少数民族特色村寨保护与发展的思考 [N].遵义日报,2018-02-14(007).

[12] 孙万心.推进恩施州少数民族特色村寨建设取得新进展 [N].中国民族报,2018-01-05(006).

[13] 周远德.遵义市民族特色村寨保护与发展管见 [N].贵州民族报,2017-11-13(A03).

[14] 李奉轩.黔江:保护特色村寨的"形"与"魂" [N].重庆政协报,2017-08-29(002).

[15] 李如海.六盘水市加大少数民族村寨文化传承与发展 [N].贵州民族报,2017-07-27(B01).

[16] 王铁志.如何保护少数民族特色村寨? [N].中国出版传媒商报,2016-10-11(014).

[17] 杜薇.进一步加强少数民族特色村寨保护与发展 [N].贵州政协报,2016-08-25(B02).

[18] 邓红杰.传统体育点亮黔江土家村寨 [N].中国体育报,2017-06-06(002).

[19] 向政.博弈视角下的少数民族特色村寨建设与传统体育文化遗产保护 [C].中国体育科学学会(China Sport Science Society).2015第十届全国体育科学大会论文摘要汇编(二).中国体育科学学会(China Sport Science Society):中国体育科学学会,2015:2.

[20] 韦晓康.少数民族身体文化空间与民族特色村寨建设——以弥勒县"可邑村"彝族阿细跳月为例 [C].中国体育科学学会.第五届中国体育博士高层论坛论文集.中国体育科学学会:中国体育科学学会,2014:2.

[21] 罗永常.论少数民族传统乡村旅游开发中的六大关系——以黔东南民族旅游村寨为例 [C].中国区域科学协会区域旅游开发专业委员会、湖北省农业厅、湖北省旅游局.第十六届全国区域旅游开发学术研讨会论文集.中国区域科学协会区域旅游开发专业委员会、湖北省农业厅、湖北省旅游局:中国区域科学协会区域旅游开发专业委员会,2012:6.

[22] 尤小菊.民族文化村寨中的非物质文化遗产保护研究——以地扪生态博物馆为个案 [C].中国艺术人类学学会、内蒙古大学艺术学院.2012年中国艺术人类学年会暨国际

学术研讨会论文集（第二部分）.中国艺术人类学学会、内蒙古大学艺术学院：中国艺术人类学学会，2012：8.

[23] 唐胡浩.少数民族特色村寨保护与发展契机下的城镇化建设研究——下谷坪土家族乡的社会学考察［C］.中国人类学民族学研究会.第二届中国人类学民族学中青年学者高级研修班论文集.中国人类学民族学研究会：中国人类学民族学研究会，2012：11.

[24] 吴羽.传统乡村自组织组织机制在新农村建设中的作用探析——以贵州安顺"屯堡第一村寨"九溪村为例［C］.贵州省社会科学界联合会.2011年贵州省社会科学学术年会论文集.贵州省社会科学界联合会：贵州省社会科学界联合会，2011：6.

[25] 陈玉平.论贵州"民族文化村"——以布依族为中心［C］.贵州省布依学会.布依学研究（之七）——贵州省布依学会第三届会员代表大会暨第七次学术讨论会论文集.贵州省布依学会：贵州省布依学会，2001：11.

[26] 政协毕节市委员会.苗族专集［C］.内部出版.2006：12.

[27] 彭升福.酉水·土家族文化［Z］.未刊.

[28] 邹明星.酉阳土家摆手舞［Z］.未刊.

附 录
中国少数民族特色村寨命名挂牌名单

首批中国少数民族特色村寨

第二批中国少数民族特色村寨

第三批中国少数民族特色村寨

请扫描二维码查看村寨名单